المرونة الحقيقيّة

حَدَثَ ذات جائحة

دار جامعة حمد بن خليفة للنشر
صندوق بريد 5825
الدوحة، دولة قطر

www.hbkupress.com

Real Resilience, Reinvention for the New Normal
- Based On Once Upon a Recession

الطبعة العربية الأولى عام 2021
دار جامعة حمد بن خليفة للنشر

الترقيم الدولي 9789927155321

تمت الطباعة في بيروت-لبنان.

مكتبة قطر الوطنية بيانات الفهرسة – أثناء – النشر (فان)

بربراوي، سلوى، مؤلف.

[Real resilience, reinvention for the new normal - based on once upon a recession]. Arabic

المرونة الحقيقية حدث ذات جانحة : كيف تزدهر وتنمو في خضم الوضع الطبيعي الجديد؟ / سلوى برباوي ؛ ترجمة أحمد محمد. الطبعة العربية الأولى. – الدوحة، قطر : دار جامعة حمد بن خليفة للنشر، 2021.

صفحة ؛ سم

تدمك: 978-992-715-532-1

ترجمة لكتاب: .Real resilience, reinvention for the new normal - based on once upon a recession

المرونة (سمة شخصية) 2. المرونة (سمة شخصية) -- الجوانب الاجتماعية. 3. المرونة (سمة شخصية) -- دراسات حالة. 4. كوفيد-19 (مرض) -- الجوانب الاجتماعية. 5. كوفيد-19 (مرض) -- الجوانب السياسية. 5. كوفيد-19 (مرض) -- الجوانب الاقتصادية.

أ. محمد، أحمد، مترجم. ب. العنوان.

BF698 35.R47. B47125 2021

155.24 – dc23

20212826101x

المرونة الحقيقيّة

حَدَثَ ذات جائحة

كيف تزدهر وتنمو في خضمّ الوضع الطبيعيّ الجديد؟

سلوى برباوي

ترجمة: أحمد محمد

دار جامعة حمد بن خليفة للنشر
HAMAD BIN KHALIFA UNIVERSITY PRESS

المحتويات

إهداء

أهدي هذا الكتاب إلى كلّ أفراد عائلتي، وأخصّ بالذكر أبنائي -قُرّة عيني ومتعة حياتي- فلولاهم مَا خَرَجَ هذا الكتاب إلى النور. فدعمهم لي وإيمانهم بي ساقاني إلى الاضطلاع بهذا المشروع بحماسٍ وأملٍ والتزامٍ بغية تقديم الدعم والأفكار والأمل المتجدّد خلال الفترات العصيبة.

مقدّمة

هِبة المرونة: عندما ينقلب عالمك رأسًا على عقب

كثيرًا ما يخالجنا شعور بأنّ عالمنا انقلب رأسًا على عقب، وقد نشعر بأنّنا معزولون نوعًا ما إذ نخوض هذه التجربة الشعوريّة، لأنّها ربّما كانت موقفًا شخصيًّا يتسبّب في تسلّل الفوضى والتوتّر إلى حياتنا.

بعضنا أفضل في التكيّف مع التغيير والتعامل مع كلّ ما تلقيه الحياة في وجوهنا من البعض الآخر، وهؤلاء هم الأكثر مرونة بيننا...

ثمّ جاءنا العام 2020 الذي تَميّز تميّزًا مثيرًا للريبة بإحداثه حالة مشتركة من الفوضى والتوتّر بين جموع الناس. ففي الربع الأوّل من عام 2020، اكتسحت جائحة فيروس كورونا المُستجدّ العالم كلّه، كحرائق الغابات الهائلة التي لا تفتأ تشتعل. وكادت الجائحة تتسبّب في ركودٍ كاسح فوريّ لا شكّ في أنّه كان تجربةً فاصلة ومُبدِّلة للحياة. لم يفلت أحد على كوكب الأرض من أثر الجائحة، ما يعني أنّ كثيرين منّا استطاعوا بالفعل الاستفادة من تعلُّم التكيّف مع التغيير بأسلوب تفكير صحّيّ. فالتفكير الصحّيّ يسمح لنا بأن نشعر بالشغف حيال غايتنا في الحياة ونتشبّث بها ونُركِّز عليها، حتّى في خضمّ الفوضى.

بصفتي مدرّبة مُعتمدة في مجاليْ الأعمال والحياة، صادفت أناسًا لم يصمدوا وحسب، وإنّما ازدهروا متجاوزين العقبات والفوضى التي يعتبرها كثيرون طاغية. لهذا السبب ألّفت هذا الكتاب.

إنّني أريدك يا عزيزي القارئ أن تتبنّى تجربة الازدهار رغم العقبات، فتصبح تجربتك الخاصّة. وأيّ وقت أفضل للعمل على الارتقاء بمرونتك من فترة الجائحة العالميّة؟ يا لها من فرصة عظيمة تلك التي تعطينا إيّاها الحياة لنُريها معدننا الحقيقيّ!

إنّ الغاية من هذا الكتاب إلهام أولئك المتأهّبين لإحداث تغيير إيجابيّ في حياتهم، ومَنْحهم أدوات عمليّة يستغلّونها لتحقيق هذه الغاية.

لقد انطلق كثير من الناس بالفعل في اتّجاه جديد، وتحوّلت هذه الجائحة إلى فرصةٍ لهم لإعادة ابتكار أنفسهم بتغيير روتينهم اليوميّ أو أولويّاتهم أو شركاتهم أو مساراتهم المهنيّة، وسأشاطركم بعض قصصهم.

ذات يوم، عندما يتلاشى فيروس كورونا المُستجدّ، ويُمسي ذكرى على صفحات التاريخ، من الممكن أن يظهر فيروس آخر أو تضرب العالم كارثة أخرى. إذا تعلّمت كيف تتحلّى بالمرونة الآن، فستكون متأهّبًا للتعامل مع كلّ ما يحدث أيًّا كان.

سيقدّم لك هذا الكتاب أيّها القارئ العزيز أدوات عمليّة يمكنك استخدامها لخوض غمار هذا «الوضع الطبيعيّ الجديد»، وكذلك طرائق تفكير جديدة لن تُحصِّن عملك أو مشوارك المهنيّ من الركود

وحسب، بل ستقي حياتك أيضًا. والكتاب مُصمَّم لإعدادك لتجاوز الوضع الطبيعيّ الجديد وصولًا إلى «طريقة جديدة **للعيش**»، مهما وقع من أحداث، سواء كانت ركودًا أو أزمةً شخصيّة أو فيروسًا فتّاكًا.

إنّ المرونة -وأعني المرونة الحقيقيّة- صفة قويّة. أتمنّى أن تنعم عزيزي القارئ بكلّ القوّة والسلام والسكينة والفرحة العميقة المرافقة لاختيار دمج الأدوات والأفعال التي تُشكِّل المرونة **الحقيقيّة**.

عزيزي القارئ، أقدّم هذا الكتاب لك ولرحلتك إلى الأمام!

سلوى

الفصل الأوّل

وباء حديث: يوم توقّفت الأرض عن الحركة

ذات مرّة... كان هناك مكان يُسمّى كوكب الأرض. عاش مليارات البشر على سطح هذا الكوكب، وطفقوا يتبعون روتينهم اليوميّ. كانت الاقتصادات مزدهرة، وأوشكت معدّلات البطالة على الوصول إلى أدنى مستوياتها، وكانت الصراعات والنزاعات في أدنى معدّلاتها. لم يظهر شيء خارج عن المألوف. بدا الناس سُعداء نسبيًّا على كوكب الأرض، حتّى وقع حدث غير متوقّع في يوم من أيّام شهر مارس عام 2020، وأصاب الشلل العالم كلّه.

إنّه من المذهل كيف يمكن أن يتوقّف العالم بأسره في يوم واحد! تمامًا كما يحدث في الأفلام. أجل، يبدو أنّ الجائحات العالميّة يمكن أن تُبدِّل الحياة وتصيب الناس بصدمات في الواقع أيضًا، ناهيك عن الركود الهائل الذي بدا أنّه حدث بين عشيّة وضحاها. على النقيض من حالات الركود التي ترتّبت على التأزّم التدريجيّ للأحداث (على سبيل المثال: تداعي سوق الأوراق الماليّة أو وقوع أزمة في قطاع الإسكان)، بدأ هذا الركود غير المتوقّع بسبب أحد أصغر الأشياء على كوكب الأرض كلّه: فيروس. فيروس كورونا مُستجدّ

قاتل انتشر أسرع من انتشار النار في الهشيم، فخلّفَ في أعقابه إمّا مرضى وإمّا عائلات ثكلى وأصدقاء فقدوا أحبابهم بسبب المرض.

بدا أنّ الظهور المفاجئ لهذا الركود الواسع الانتشار، والناجم عن جائحة عالمية كاسحة باغتت الجميع، أشبه بمشهدٍ من فيلم «اليوم الذي توقّفت فيه الأرض عن الحركة». أضحت الشوارع المُكتظّة هادئة، وقرَّ الناس في بيوتهم. وفي بحر أيّام معدودات، أغلقت الشركات أبوابها وأُرْسِلَ الموظّفون إلى بيوتهم، فإمّا أمسوا يعملون بشكل مؤقّت وإمّا سُرِّحوا من العمل نهائيًّا، وأوصدت المدارس أبوابها. كان هناك شعور واسع النطاق بالخوف من المجهول، وفجأة بدا المستقبل محفوفًا بالغموض والشكوك. في غضون بضعة أشهر، تغيّر أسلوب حياتنا تغيّرًا كبيرًا وتحوّل إلى شيء كِدْنا لا نميّزه ولا نعرفه. خيّم السكون التامّ على مدننا وبلداتنا وأحيائنا ومناطقنا الريفيّة قاطبةً، فيما خلا همهمة القلق الكامنة المستمرّة. أصابت الكارثة الجميع على اختلافهم: الأغنياء والفقراء وقصار القامة وطوالها وممتلئي الجسم والنحفاء وسود البشرة وبيضها وصُفرها.. لم يَسْلَم أحد من أثر هذا الفيروس القاتل.

المشكلات الحديثة الملازمة لجائحة تضرب العالم «كلّ مائة عام تقريبًا»

شهدنا فيروسات في الماضي تسبّبت في وقوع جائحات (على سبيل المثال، فيروس الأنفلونزا الإسبانيّة)، لكنّنا لم نشهد مثيلًا لفيروس

كورونا المُستجدّ. على النقيض من شقيقه فيروس «سارس»، يتسلّل فيروس كورونا المُستجدّ بهدوء ودهاء كي يدمّر الضحايا الغافلين. فعندما أصيب الناس في الصين بفيروس «سارس»، تمكّنوا من احتواء تفشّيه لأنّ أعراضه ظهرت على الفور. غير أنّ فيروس كورونا المُستجدّ يتمتّع بمعدّل فعاليّة مذهل، إذ يمكن أن يصاب به المرء ويتنقّل به من دون أيّة أعراض لمدّة تصل إلى أربعة عشر يومًا. ما يعني أنّ هذا المصاب يمكن أن ينقل الفيروس لمدّة أسبوعين كاملين لعددٍ كبير من الناس الذين يمكن بدورهم أن ينقلوه لآخرين كثر. وما أن نُجري العمليّات الحسابيّة، سيسهل علينا أن نستوعب الطبيعة الشرسة لهذا الفيروس. علاوة على ذلك، ينتشر الفيروس عبر جزيئات البخار التي تبقى عالقةً في الهوء لمدّة تصل إلى ساعتين. هاتان المشكلتان وحدهما تجعلان فيروس كورونا المُستجدّ كائنًا شرسًا فعّالًا على أجهزتنا المناعيّة.

يتفشّى هذا الفيروس البشع بسرعة وكفاءة في شتّى أنحاء العالم، إذ بدأ في مدينة ووهان الصينيّة، وشقّ طريقه بسرعة البرق من مكان لآخر عبر منظومة النقل والمواصلات الحديثة الخاصّة بنا. في لمح البصر، شقّ الفيروس طريقه إلى العالم كلّه. سرعان ما عانت دول كإيطاليا والهند من ويلات الفيروس وتداعياته. في الولايات المتّحدة، ظهرت الحالات الأولى في مدينة نيويورك ومدينة سياتل الواقعة في ولاية واشنطن. ولم يستغرق الأمر الفيروس وقتًا طويلًا قبل أن يشقّ طريقه عبر الولايات المتّحدة بسرعة مهولة غير مسبوقة، حتّى أنّ الجميع أصيبوا بالصدمة والذهول.

صار مصطلح «مرض فيروس كورونا المُستجدّ»، وهو المرض الناجم عن فيروس كورونا المُستجدّ، جزءًا شائعًا من قاموسنا في غضون يوم واحد فقط. وقد فاقمت التغطية الإعلاميّة المستمرّة للجائحة من جانب منافذ إعلاميّة مثل شبكة «سي إن إن» و«فوكس نيوز» و«إم إس إن بي سي» وصحيفتيْ «نيويورك تايمز» و«سان فرانسيسكو كرونيكال»، وتطبيق «آبل نيوز»، وما إلى ذلك من سيل المعلومات حول تفشّي فيروس كورونا المُستجدّ، وأحيانًا ما بُثّت أنباء مغلوطة، لا سيّما عبر وسائل التواصل الاجتماعيّ. إذا لم تكن قد بلغتك معلومات عن فيروس كورونا المُستجدّ في بداية شتاء عام 2020، فمن المؤكّد أنّك أُحطِت به علمًا فور أن بدأت عمليّات الإغلاق في شهر مارس. لقد التمس السواد الأعظم مِنّا معلومات لحماية أنفسنا وأحبّائنا من هذا التهديد المجهول، غير أنّ بعضنا ابتلعته التغطية الإخباريّة المستمرّة على مدار الساعة، فأصابهم الشلل من فرط القلق.

أمرت الحكومات في جميع أنحاء العالم الناس بالبقاء في منازلهم، فخرجت إلى النور عبارة «البقاء في البيت». ولم تُبقِ سوى المؤسّسات الجوهريّة أبوابها مفتوحة، كمحلّات البقالة والصيدليّات والبنوك وبعض المطاعم التي عملت بنظام استلام الوجبات وتناولها بالخارج وتوصيلها إلى البيوت وغيرها. ظلّت عمليّات تسليم سلاسل الإمداد للسلع الأساسيّة جارية من دون انقطاع. ولكن، أغلقت بقيّة المؤسّسات غير الأساسيّة أبوابها، بما في ذلك مؤسّسات البيع

بالتجزئة والمطاعم المُغلقة والمسارح والأماكن الرياضيّة والموسيقيّة وصالونات تصفيف الشعر والمنتجعات الصحّيّة والصالات الرياضيّة والعديد من جوانب الخدمات الطبيّة وخدمات الرعاية الصحّيّة، إلخ.

اندلع هذا اللون الجديد من الركود بطريقةٍ لم يتوقّعها أحد. فقد كان ركودًا فوريًّا في الأساس. في غضون أيّام، أُرسل ملايين العمّال إلى بيوتهم، فإمّا أُحيلوا إلى العمل المؤقّت وإما سُرّحوا بالكامل من وظائفهم. الصناعات التي تمكّنت من مزاولة أعمالها بإرسال موظّفيها للعمل من البيت عن بُعد لَجَأت إلى هذا الخيار. أغلقت المدارس ودور الرعاية النهاريّة أبوابها. لم يضطر الآباء الذين لديهم أطفال صغار إلى العمل من المنزل وحسب، إنّما أُرغموا أيضًا على تلبية احتياجات أطفالهم بأنفسهم. واضطروا إلى أن يتعلّموا التناوب على أطفالهم الصغار. واضطرّ الأطفال إلى إنجاز فروضهم المدرسيّة عبر الإنترنت.

الموظّفون الذين حالفهم الحظّ واحتفظوا بوظائفهم، غير أنّهم عملوا في الصفوف الأماميّة واحتكّوا بالجمهور، يواجهون الآن أسئلة تتعلّق بالمخاطر الصحّيّة أثناء مزاولة أعمالهم. تعاملَ عُمّال البيع بالتجزئة والعاملون في مجال الأطعمة وعُمّال المصانع، وحتّى عُمّال توصيل الطلبات، مع المخاطر الصحّيّة المحتملة لأنّهم اضطرّوا إلى الذهاب إلى العمل.

اضطرّت بعض العائلات إلى الاختيار ما بين حماية صحّة كبار السنّ لديها من الفيروس والقبول بوظيفة ذات أجر مُتدنٍّ، وربّما

تعريض أفراد العائلة جميعًا إلى المرض. أُنيط بالحوامل الاختيار ما بين صحّة أطفالهنّ الذين لم يخرجوا إلى النور بعد، والعمل الذي يمكن أن يصيبهنّ بالمرض ويعرّض حياة أطفالهنّ الرضّع إلى الخطر. بدا أن الخيارات التي اصطدم بها الناس لكسب العيش لا تُطاق. لقد قدّمَت بعض العائلات تضحيات ماليّة للحدّ من تعرّضها للفيروس.

بدأ الركود الكبير الثاني للقرن الحادي والعشرين. اعتقدنا جميعًا أنّنا بعد الكساد العظيم الذي شهدناه عام 2008، لن نضطرّ إلى مواجهة كساد آخر بهذه السرعة، وبالتأكيد ليس بهذا الشكل. سينتهي هذا الكساد، شأنه شأن ما سبقه من أحداث مثيلة، ولكن ليس قبل أن تُغْلِق الشركات أبوابها أو تُقَرِّر أن تتعامل مع الموقف العصيب بشكل مباشر وتتغيّر. قد يخفّف اللقاح من المخاطر، ويسمح للناس بمواصلة حياتها، لكنّ الفيروسات لن تختفي. على غرار التعديلات التي أجراها الصينيّون بعد تفشّي فيروس «سارس»، سيحتاج قادتنا ورجال أعمالنا إلى مواصلة خلق مناطق «آمنة من الفيروس».

للحيلولة دون حدوث جائحة أخرى وما يرتبط بها من تداعيات اقتصاديّة، سيتعيّن على الشركات والأفراد مواصلة التكيّف مع أسلوب حياة جديد. منذ تفشّي الإنفلونزا الإسبانيّة عام 1918 وإنفلونزا الخنازير وفيروس كورونا المرتبط بمتلازمة الشرق الأوسط التنفّسيّة ومتلازمة الالتهاب الرئويّ الحادّ الوخيم (سارس)، عَلِمنا أنّ المسألة لا تتعلّق بما إذا كنّا سنتعامل مع فيروس آخر، بل تتعلّق بتوقيت تفشّيه. سرعان ما سيصبح خلق عالم يتكيّف مع «الوضع الطبيعيّ الجديد» عملًا

روتينيًّا. ففي الوضع الطبيعيّ الجديد، سيخضع كلّ شيء للتعديل وإعادة الابتكار والتحوُّل بغية التعاطي مع الجائحة الحاليّة، وكذلك الكوارث المستقبليّة.

لم يُفرغ هذا الركود الناجم عن الفيروس حساباتنا المصرفيّة ويتسبّب في إفلاس العديد من الشركات فقط، وإنّما أيقظ الناس أيضًا من سباتهم، وجعلهم يعيدون تقييم الأمور التي ربما سلّموا بها في حياتهم.

الفصل الثاني

ما لا يُهلكنا يدفعنا إلى إعادة تعريف الحياة

«لا ينبغي أن تنظر لتحدّياتك أبدًا على أنّها عقبة في الطريق. فمِن المهمّ لك أنْ تعي أنّ تجربة مواجهتك للأزمات وتغلّبك عليها هي في حقيقة الأمر واحدة من أبرز ميزاتك». **ميشيل أوباما**

قال الفيلسوف الألمانيّ فريدريتش نيتشه: «ما لا يقتلنا يجعلنا أقوى». عندما يتصدّى المرء لفيروس قاتل، تكتسي هذه العبارة بمعنى ساخر جديد تمامًا.

اعتبارًا من يوليو 2020، التزم كثيرون بيوتهم، بعضهم كان يعمل، والبعض الآخر تمكّن منه الملل والضجر وراح يحاول إيجاد وسيلة لتمضية الوقت. في بداية الأمر، استقبل الناس حالة السلام والسكينة بصدرٍ رحب. آه، حان الوقت لأن آخذ نفسًا عميقًا وأسترخي قليلًا. لم يمانع كثيرون الانتقال إلى مكاتبهم المنزليّة. بطبيعة الحال، اضطرّ البعض إلى أن يتعلّموا كيفيّة تجهيز مكتب منزليّ، غير أنّ بعض الناس حالفهم الحظّ أن حافظوا على وظائفهم. شعر آخرون ممّن سُرِّحوا مؤقّتًا أو سُرّحوا نهائيًا بشيء من الارتياح، إذ بادرت الحكومة بإرسال أموال الحوافز الاقتصاديّة وسنّت قوانين جديدة

لسياسات البطالة. في الوقت ذاته، حُوصرت شركات صغيرة كثيرة لم تكن مُؤهّلة للدعم و/ أو نفدت أموالها في حالة من التيه من دون ملاذٍ تلجأ إليه.

لفترة من الوقت، لم تكن الأوضاع سيّئة للغاية. شاع بين العامّة أنّ هذه الأزمة ستنتهي فور أن ترتفع درجات الحرارة وتصبح الأجواء دافئة، أو أنّ الأوضاع ستعود إلى سابق عهدها في خلال أسبوعين على وجه التقريب. الآن، وبعد مرور أربعة أشهر، فتحت بعض المؤسّسات أبوابها، لكنّها لا تشهد انتعاشًا بضرورة الحال. وأشهرت بعض الشركات التي تعتمد على ميزانيّة محدودة بالفعل إفلاسها، ولم يعد مُلّاكها يدرون ما يفعلون بعد ذلك.

إن كان هناك وقت يستحقّ أن نَصِف فيه أيّامنا بـ«المظلمة»، فهذا هو الوقت المناسب، ما لم... تكونوا تعلمون ما أحيط به علمًا عن قوّة أفكاركم. أأزعم أنّ طريقة تفكيركم ورؤيتكم المستقبليّة وحدها ستصلح كلّ الأمور؟ لا! من الواضح أنّه من المستحيل أن تتمنّى زوال أحداث الحياة المؤسفة كلّها فتزول هكذا ببساطة. ومع ذلك، سوف يحدّد أسلوب تفكيرك النحو الذي ستتعاطى به مع الظروف الخارجة عن سيطرتك.

فكلمة «سيطرة» وهم كبير على أيّ حال. لدينا سيطرة على أمرَيْن اثنين وحسب: أفكارنا وأفعالنا. فلحظة تتخلّى عن المعتقد الشائع أنّ بوسعك السيطرة على حياتك وعلى الآخرين من حولك، ستشعر بتحسّن كبير. لِمَ؟ لأنّه عندما يُخيّل لنا أنّنا نُحْكِم سيطرتنا على كلّ

شيء، نسمح لأنفسنا بالاعتقاد أنّ بوسعنا جعل الآخرين والأحداث من حولنا تنصاع لإرادتنا. ليس بوسعك أن تُغيِّر سوى نفسك. وبينما نواصل مسيرتنا ونحن نخوض هذه العملية، ستجد أنّ هذا الدرس العظيم سيجعل حياتك أسهل بمراحل.

لا تتجاهلنّ كلّ ما يجري من حولك في العالم، فالتحدّيات جزء لا يتجزّأ من الحياة. لذا، عندما تقع أحداث مؤسفة، خصّص وقتًا للحزن والأسى والغضب والتعامل مع الألم. جِد سبلًا صحّيّة للتعاطي مع التوتّر الذي يجثم على صدرك مهما بدا لا يُحتمل في الوقت الراهن. اعلم أنّ هذه الأزمة ستمرّ هي الأخرى. حتّى لو لم تكن تشعر بذلك الآن، تحلّ بالإيمان بأنّ غدًا سيكون أفضل.

ها نحن الآن نعيش في عالم منكوب بالجائحة. إنّه لأغرب مكان على الإطلاق. ويا له من شعور غريب أن ترى كلّ شيء يتحوّل ويتبدّل أمام عينيك! لم يتخيّل السواد الأعظم منّا أنّنا سنعيش في هذا الواقع الجديد. الاستغراق في الاكتئاب سيكون وسيلة سهلة للاستجابة للأزمة. ولكن، رجاءً لا تفقدنّ الأمل. إذا كنت تشعر بالاكتئاب، فقد آن الأوان لتقصد صالة الألعاب الرياضيّة الذهنيّة لتقوية عضلاتك الوجدانيّة والفكريّة. سأكون معك عزيزي القارئ خطوة بخطوة لتدريبك ودعمك من البداية إلى النهاية.

تحوّلت التداعيات الاقتصاديّة بالنسبة لكثيرين إلى نِعمة مُقنَّعة. في بداية الأمر، قد تبدو لك خسارة وظيفتك ضربة قاضية. قد يخالجك شعور بأنّك فقدت بوصلتك وضللت الطريق، غير أنّ الضوء المُستتر

في ثنيات الصدمة -أو الصدمة المُخيَّلَة إليك- هو فرصة لصحوة أكبر. إنّك تكتسب قوّتك من طرح أسئلة جوهريّة على نفسك حول أهمّ الأمور بالنسبة لك ومرادك الحقيقيّ من الحياة. بادر إلى ذلك قبل أن تُخْرِج سيرتك الذاتيّة التي ترجع إلى عشر سنوات ماضية على مضض لتنقبحها وتعديلها. آن الأوان الآن. أنت الآن في مرحلة حسمة حقيقيّة في مفترق الطرق. فمواصلة طريقك على وضعك الحاليّ من دون تفكير وتدبّر واختيار ليس بالقرار النابع من القوّة، بل من اليأس والقنوط.

دعني أطرح عليك السؤال التالي: لِمَ لا تزاول عملًا جديدًا؟ قد يكون جزء من غاية الفوضى المتفشّيّة الآن بمثابة جرس إنذار لك -ولكلّ من حولك. ربّما آن الأوان لتُحلّل الهويّة التي خلعتها على نفسك عبر أسلوب حياتك أو مسارك المهنيّ أو عملك. كيف تنسبك تلك الهويّة؟ هل تعيش غايتك فعليّا؟ أو أنّك تُشبع توقّعات الآخرين لحياتك وحسب؟

يمكن للخوف من المجهول أن يكون دافعًا بشعًا يريد إبقاءك عى الدرب الذي تسلكه، حتّى لو لم يكن ذاك الدرب المناسب لك. أَعرِف هذا عن تجربة شخصيّة. فقد كنت أعمل في مجال العقارات عندما انهار سوق الإسكان وضرب الكساد الكبير عام 2008 العالم بأقصى قوّته. شأني شأن كثيرين، واجهت واقعًا اقتصاديًا غير مألوف وغير متوقّع. أمسى من الواضح بعد شهور من شحّ العمل أنّني على وشك أن أواجه موقفًا مغيّرًا لمسار الحياة ومُرعبًا ومهمًّا.

من بعض الأوجه، قد يخالجك شعور وأنت تتعاطى مع وضعك الجديد بصفتك ربّ عمل من دون عمل أو موظّفًا لا وظيفة له، وكأنّك تخوض مراحل إنكار الأسى والغضب والاكتئاب وأخيرًا القبول بالوضع الراهن. فعندما ترتبط هويّتك بوظيفة أو مسار مهنيّ أو عمل وتتواشج معه بالكامل، ثم يأتيك شخص ويقول لك: «يا للأسف! هذه ليست هويّتك بعد الآن»، ما الذي ستفعله؟ أو عندما تستقيل من وظيفتك وتريد أن تبدأ من جديد، أو تؤسّس شركتك الخاصّة، وإذا بك تكتشف أنّ الاقتصاد شهد تحوّلًا قبل أن تتمكّن من تحقيق الاستقرار. ما العمل الآن؟ أنت الآن غير متأهّب وجدانيًّا وماليًّا، ولا تعرف كيف تخطو الخطوة الأولى إلى الأمام. قد يخالجك شعور بأنّ هويّتك تُنتزع منك، وأنّ عالمك كلّه ينهار من حولك. من الممكن أن يُفْقِد هذا الشعور أقوى البشر توازنهم ويُسقطهم أرضًا. فما العمل؟ غالبًا ما لا تكون الإجابة واضحة للغاية.

عندما عشت هذه التجربة أثناء الركود الكبير، تمهّلت لأوّل وهلة لحين تغيّر الأحوال، وعشت على مدّخراتي المحدودة وبطاقاتي الائتمانيّة. ظننت أنّ العمل سيزدهر لا محالة، وأنّ الأحوال ستتبدّل. حاولت أن أبيع المنازل في سوق لم يكن لها وجود. انتظرت وقد انعقدت آمالي وانصبّ جلّ انتباهي على الأخبار وتحوُّل مسار سوق الأوراق الماليّة. ستشرق الشمس لا شكّ. لا بدّ لها من أن تشرق، أليس كذلك؟ سرعان ما بلغت بطاقاتي الائتمانيّة حدودها، ولم تنتعش الأعمال. لم تُدرّ المهام المتفرّقة دخلًا كافيًا للعيش، ناهيك

عزيزي القارئ عن سداد الفواتير. ما العمل الآن؟ لن تجلب لك اليقظة والثبات شيئًا البتّة عندما تنتظر وحسب من دون أن تحرّك ساكنًا. يمكنك أن تتقوقع على ذاتك متحصّنًا بالفكرة المغلوطة التي مفادها أنّ العالم الخارجيّ الذي يتحكّم في مصيرك سيتغيّر، ومن ثمّ سيتغيّر حسابك الجاري. حسنًا، لقد وقع هذا التغيير أخيرًا، ولكن ليس بفعل ظروف خارجيّة، إنّما بفعل قوى **داخليّة**. وقع عندما كففت عن التشبّث بما عرفته سابقًا، وغيّرت طريقة تفكيري، وطرحت على نفسي بعض الأسئلة البالغة الأهمّيّة، ووضعت خطّة جديدة، وقرّرت أن أسعى لملاحقة شغفي بحماس. هنالك تغيّرت حياتي أكثر ممّا تخيّلت في يوم من الأيّام.

إلى أين ننطلق من هذه المرحلة؟

حتّى في وقتنا هذا، بينما بدأت الشركات تعيد فتح أبوابها، نجد أنّ المواقف والمعتقدات تتحوّل وتتبدّل. الكيان الذي سنتحوّل إليه عندما «ننمو» ونتطوّر إلى ذاتنا المُقبلة وحياتنا الجديدة لن يكون ذاته. لو تحلّيت بالانفتاح الفكريّ وسعيت بحماس ونشاط وراء ما سأشاطرك إيّاه بخصوص المرونة وتقُّبل التغيير وإعادة تخيُّل حياتك، فستجد أنّ هذه الدروس ستعود بنفعٍ عظيم على جودة حياتك. سيخالجك شعوري نفسه منذ أن قرّرت تغيير أسلوب تفكيري. لقد أعدت تعريف حياتي وأعدت ابتكارها، وسلكت مسارًا جديدًا كان أكثر إشباعًا بمراحل من مساري القديم. والفضل في ذلك يرجع إلى الركود الاقتصادي!

هل تصدق ذلك؟ إنّني ممتنّة للركود أكثر من أيّ شيء آخر. لِمَ؟ لأنّه لو لم تُطِح بي العاصفة الاقتصاديّة العاتية التي تصل إلى حدّ الإعصار وتكيل لي الضربات، لوقفت مكاني من دون أن أحرّك ساكنًا. ولَمَا كان عندي حافز لتدبّر الأوضاع، ولطرح بعض الأسئلة المحوريّة المُبدّلة للحياة على نفسي، ولَمَا أعدت ابتكار استراتيجيّة الحياة بالكامل التي تُمهِّد طريقًا جديدًا أمام شيء يتجاوز الخصوصيّة والتميّز؛ ألا وهو سعادتي وتوفيقي. يرتبط توفيقي شيئًا ما بالسعادة الماليّة. لكن، الأهمّ من ذلك أن يرتبط بالسكينة والسلام الروحانييْن والبهجة والطمأنينة.

إنّ **المرونة الحقيقيّة** هي رسالة الأمل وخارطة الطريق العمليّة التي أقدّمها لجميع العاطلين عن العمل، والمُسرّحين مؤقّتًا، والعاملين المحرومين من حقوقهم الذين ليس لديهم أدنى فكرة عمّا يمكن أن يفعلوه في عالم ما بعد الجائحة. وهي رسالة تشجيع وعطاء روحاني. ربّما هذه هي المرّة الوحيدة التي تجد ألّا خيار لديك سوى تغيير مسارك. كلّ ما يحدث في الحياة يمكن أن يُفضي إلى إمكانات جديدة مذهلة إن كنت مستعدًّا لفتح قلبك وعقلك لها.

يمكننا جميعًا أن «نجتاز» الفترات العصيبة من حياتنا، لكنّنا قد لا نخرج منها أعقل ممّا كُنّا عليه أو أفضل حالًا. قد نتسلّق الجبل لنصل إلى قمّته وحسب، ونَشْخَص بأبصارنا إلى جميع الجبال الأخرى الموجودة في مرمى البصر. يبدو الأمر أشبه برحلة لا نهاية لها. كيف لنا أن نشعر بالإلهام أو الحافز أو أدنى قدرٍ من التأهّب كي نمضي قدمًا إلى وجهةٍ ننعم فيها بالسعادة؟

أودّ أن أحذّرك يا عزيزي القارئ من البداية: أنا لا أزعم أنّه فور أن تشرع في استخدام الأدوات التي سأشاطرك إيّاها، ستمسي رحلتك واضحة ويسيرة على الفور. ولا أزعم أنّك لن تشعر بالقلق حيال تحدٍّ آخر شبيه بالجائحة أبدًا. ستواجه تحدّيات مجدّدًا لا محالة، لأنّ هذه هي سُنّة الحياة وديدنها. غير أنّ المرونة هي بالتأكيد الهبة التي لن تَكفّ عن العطاء لك!

أودّ أن أقدّم لك هذه الأدوات كي تشعر بالرضا ذات يوم، عندما تسترجع أحداث حياتك بسلامٍ وطمأنينة، حيال خياراتك وقراراتك وتجاربك... كلّها من دون استثناء.

ستعرف يقينًا أنّ ما فعلته كان أفضل ما في الإمكان، وأنّك خضت غمار الحياة بكرامتك وجاهدت من أجل التميّز. لقد أمسكت بزمام الأمور كي لا تضطرّ لأن تتساءل عمّا حدث! لا مكان للندم! ولا أفكار شيطانيّة تطاردك! لا محلّ سوى لإقرار بسيط وقبول بالواقع. كلّ نواقصك وإنسانيّتك وكلّ عظمتك وروعتك تُختزل في تجربة حياتيّة فريدة. حياة يمكنك أن تفخر بخوضك إيّاها. والغريب أنّ بوسعك أن تتقدّم بخالص الشكر للجائحة وأيًّا ما كان التحدّي الذي تتصدّى له -كبيرًا كان أو صغيرًا- فقد جعلك تتمهّل وتعيد النظر في حياتك.

الفصل الثالث

إعادة ابتكار الأعمال في سياق الوضع الطبيعيّ الجديد

تداعى اقتصادنا بسرعة مهولة في مارس 2020، فكالَ لنا صفعةً خاطفة. تفشّى فيروس كورونا المُستجدّ بسرعة البرق. صارت مدينة نيويورك أوّل بؤرة لتفشّي الفيروس، حيث تركّزت فيها غالبيّة حالات الإصابة والوفَيات. اقتضى الأمر إجراءً عاجلًا على الفور.

بينما دعمت الحكومة الأمريكية الصناعات أثناء حالة الركود الأولى، تصرّف المسؤولون على نحو مختلف بكثير خلال الركود الحاليّ. ضخّت حِزَم الإغاثة من الكوارث والحوافز أموالًا للأُسر والشركات الصغيرة التي اضطرّت إلى إغلاق أبوابها والاحتماء بجدرانها. بادرَ قادة المجتمع وفتحوا بنوك طعام، وتبرّعت الشركات الكبرى بالسلع للمحتاجين، وتضافر الناس رغم المسافات الفاصلة بينهم، وخيّم الصمت على الشوارع.

ثمّ بدأ أمر ملفت يحدث. اصطدمت بعض الشركات بالفيروس، وأعادت توجيه بوصلتها. فهي لم تتمهّل، وتنتظر ظهور لقاح، ولم تنظر حتى إلى اللقاح بوصفه الحلّ المنشود، إنّما انصبّ تركيزها

على الإجابة عن السؤال التالي: «كيف نُزاول أعمالنا في إطار الوضع الطبيعيّ الجديد؟».

هل تعلم أنّ الكساد الكبير أفرز عددًا من أصحاب الملايين أكثر من أيّ فترة أخرى في تاريخ أمريكا؟ في أثناء أسوأ انهيار اقتصاديّ على الإطلاق، شهدت الولايات المتحدة أناسًا؛ أصابوا نجاحًا أو واصلوا نجاحاتهم وإنجازاتهم. قد تتساءل: كيف يُعقل ذلك؟ لطالما كان التفكير الإبداعيّ لروّاد الأعمال ومثابرتهم الوقود الأساسيّ لنموّنا الاقتصاديّ. الذين يملكون هذه العادات والتوجّهات سيواصلون طريقهم مهما حدث ورغم ما يحدث في العالم بأسره.

سيخرج أصحاب ملايين جدد من رحم الجائحة أيضًا. لقد ازدهرت الشركات عندما تكيّفت بحيث تلبّي الاحتياجات الجديدة. كمثال على ذلك شركة تصنيع القمصان القصيرة الأكمام التي توجّهت إلى تصنيع أقنعة الوجه، وشركة إنتاج الكحوليّات التي شرعت في تصنيع مطهّرات الأيدي. تفشّى الإبداع والابتكار في كلّ مكان، لا سيّما في صناعة المطاعم التي واجهت تحدّيات إضافيّة. بدايةً من صاحب المطعم الصغير الذي علّق ستائر حمّام كبيرة وواضحة بين الطاولات، وانتهاءً بأولئك الذين تبنّوا تقنية جديدة لتقديم قوائم طعام عبر مواقعهم الإلكترونيّة فقط، ونُظم طلبيّات وتسليم جديدة لتلبية احتياجات الناس والتكيّف مع الوضع الطبيعيّ الجديد.

سيتكيّف كثير من أصحاب الشركات، وسيثابرون وسيتمتّعون بنجاحهم رغم التحدّيات المُحبطة في ظاهرها. لم يُولد هؤلاء بميزة

تميّزهم عن غيرهم، فهم أمثالنا لا يختلفون عنّا. إنّ طريقة تفكيرهم والنحو الذي يتصرّفون به هما اللذان يميّزانهم عنّا.

إنّ الشركات التي ينصبّ تركيزها على تقديم **خدمة** يحتاج إليها الجمهور هي التي ستزدهر، حتّى أثناء أصعب التحدّيات الاقتصاديّة.

الفصل الرابع

سبع خطوات نحو المرونة الحقيقيّة

التالي ليس بعض القواعد التي تبدو رائعة على الورق فقط. فقد وُلِدَت هذه الخطوات من رحم تجربتي الخاصّة المؤلمة والمثيرة والمرعبة والمُجزية بشكل شخصيّ. هي حقائق تعلّمتها وعشتها وما زلت أمارسها كلّ يوم... حسنًا، كلّ يوم على وجه التقريب تحرّيًا للدقّة. في الأيام التي أنتكس فيها وأرجع إلى عاداتي القديمة، أجد نفسي قادرة على العودة بسرعة، حيث لا أنسى أن أكون صادقة مع نفسي الحقيقيّة.

كلّما عشت مُنقادة بغايتي ومُسيّرة بها، عُدت أسرع عندما «أضلّ طريقي». أناشدك عزيزي القارئ أن تُجرِّب هذه الخطوات المُغيّرة لمجرى الحياة. مارسها مرارًا وتكرارًا حتّى تصبح جزءًا لا يتجزّأ من طبيعتك. فهي تُجدي نفعًا إذا مارستها وطبّقتها.

إليك يا عزيزي القارئ الخطوات السبع نحو المرونة الحقيقيّة:

- اعترف بحقيقتك الأصيلة.
- تولّ زمام حياتك.
- التزم بالتغيير.

- أعد برمجة أفكارك.
- تحلّ بشجاعة التغيير.
- ثابر! اِلْزَم مسارك إلى النهاية!
- اجنِ الثمار.

اعترف بحقيقتك الأصيلة

ما الذي دعاني إلى استخدام اصطلاح «الحقيقة الأصيلة» بدلًا من «الحقيقة» وحسب ببساطة؟ يفرض مجتمعنا كلّ ألوان القواعد والقيود الثقافيّة التي غالبًا ما تمنعنا من أن نكون ذواتنا «الأصيلة» وأن نحيا على سجيّتنا. تستكشف الأصالة، وهي الموضوع الذي تناوله بإسهاب كتاب «كُن ذاتك، فذوات الآخرين كلّها محجوزة» لمايك روبنز، أهمّيّة أن تكون على سجيّتك وأن تحيا بذاتك الأصيلة. يقول روبنز: إنّ «الأصالة» هي موضوع الساعة. «كن مخلصًا لذاتك» و«كن نفسك الحقيقيّة». الرسالة واضحة وضوح الشمس، أم أنها ليست كذلك؟ ثمّة ضغوط تحيط بنا من كلّ مكان -من آبائنا ومعلّمينا وأزواجنا وزملائنا في العمل وأصدقائنا وبالطبع من وسائل الإعلام- تملي علينا فكرة أنّ إعجاب الآخرين بنا ومسايرتنا للبيئة المحيطة بنا أهمّ من أن نكون على سجيّتنا. تنهال علينا رسائل باستمرار ومن دون توقّف تملي علينا فكرة أنّنا لسنا أكفاء بما يكفي وأنّنا بحاجة إلى «إصلاح» أنفسنا. إنّ كتاب روبنز طريف ومتواضع، ولكنّ الأهمّ من ذلك أنّه صادق.

عندما أمعنت النظر في موضوع «الإخبار بالحقيقة»، أدركت أنّ حقيقتنا المزعومة مشوبة بعددٍ مهول من الضغوط المجتمعيّة ومطالبات الامتثال والمسايرة وضغوط الأقران، حتّى أنّها لم تَعُد تطابق ما يستقرّ على قمّة «المنحنى الناقوسيّ» بوصفه «الوضع الطبيعيّ» فبينما تخوض عزيزي القارئ هذه العمليّة، أريد منك أن تكون على سجيّتك. ويعنيني أكثر بكثير صدقك مع نفسك، لا صدقك معي أو مع أسرتك أو أصدقائك.

عندما أقول إنّ المبدأ الأوّل للمرونة ينطوي على الحقيقة، فأنا أعني الحقيقة الصادقة، بما في ذلك الجانب الأصيل البشع والأليم والمُقزّز للحقيقة، ذاك الجانب الذي ربّما كان عاديًّا، غير أنّك بحاجة إلى إبرازه. ولن يَصْدُر أيّ حكم منّي، ولا ينبغي لك أن تجلس قاضيًا أو ضمن هيئة محلّفين لتُصدر الأحكام على ذاتك. كُن «صادقًا» مع **نفسك** وحسب!

فالأصالة تعني الشيء الحقيقيّ الأصيل. الحقيقة الأصيلة لا بدّ من أن تنبع من ذاتك الحقيقيّة، ومن الشخص الذي في باطنك العالم بحقائق الأمور على طبيعتها.

مرّة أخرى، أؤكّد أنّه لا حاجة إلى الجلوس على كرسي الاعتراف أو عقد محاكمة كي تُجبر قصّتك على الخروج إلى النور وتعرضها على الملأ. ابدأ بطرح السؤال الآتي على نفسك بهدوء: «ما النحو الذي أودّ أن **أكون** عليه في العالم؟».

بعد شيء من البحث عن الذات، قد تكتشف أنّ تلك المعايير والتوقّعات المجتمعيّة نجحت في تشتيتك ولم تكن صادقًا مع نفسك.

لا بأس في ذلك، لأنّك لا تستطيع العودة والبحث عن مسار جديد من دون أن تقرّ أوّلًا بأنّك ضللت طريقك. عليك أن تعرف مكانك قبل أن تتمكّن من تلقّي الاتّجاهات التي توصلك إلى وجهتك المنشودة. وتقتضي الحقيقة الأصيلة منّا أن نراها ونقرّ بها ونُغيِّر النحو الذي نتعاطى به معها.

قد يبدو التواصل مع ذاتك الأصيلة أشبه برفاهيّة في خضمّ جائحة أو أثناء أيّ فترة أخرى من فترات الأزمات. لكنّ الإقرار بحقيقتك الشخصيّة خطوة ضروريّة على دربك نحو المرونة الحقيقيّة والسعادة الشخصيّة، ستجعل الرحلة في نهاية المطاف أكثر إمتاعًا بكثير.

تولّ زمام حياتك

أعلم أنّنا جميعًا سمعنا عبارة «تحمّل مسؤوليّة حياتك». حسنًا، لقد سمعتها مليارات المرّات، ولكن هل عملت بها؟ ليس بوسعك تغيير أيّ شيء أو فعل أيّ شيء حيال قضيّة مهمّة في حياتك إن لم تكن مستعدًّا لتتحمّل مسؤوليّتها. من المهمّ خصّيصًا أن تتولّى زمام الحاضر الآن أكثر من أيّ وقت مضى.

لقد تحوّلت حياتك إلى جحيم، وفقدت وظيفتك. غير أنّ للجحيم مستويات ومراتب لا علاقة لها بالنار أو الكبريت. الجحيم يمكن أن يكون بسيطًا بساطة أن تظلّ عالقًا في موقف بائس لا فكاك منه، ولا يسعك فيه أن تتذكّر آخر مرّة ضحكت فيها ملء شدقيك ومن قلبك. الجحيم يمكن أن يتمثّل في علاقة عقيمة تتشاجر فيها أكثر ممّا تتفق مع الطرف الآخر، ولا تجد بينك وبينه صلة بعدُ. والجحيم يمكن

أن يكون ربّ عمل بشع يعاملك كالأحمق، ويبخل عليك بعلاوة لعاميْن كاملَيْن. والجحيم قد يكون مللًا أيضًا.

لا جحيم كجحيم الحياة التي تخرج عن مسارها. ولِمَن هذه الحياة على أيّة حال؟ إن لم تتحمّل المسؤوليّة، فهذا يعني أنّك تخلّيت عن سلطتك، وصرت تؤدّي دور «الضحيّة» المغلوبة على أمرها، لا حول لها ولا قوّة. أعتقد أنّه من المؤسف أن يقع الناس فريسة دور الضحيّة التابعة الخنوعة. فقد تخلّوا عن هويّتهم الحقيقيّة من دون وعي منهم، وتعلّموا أن «يتقبّلوا حظوظهم في الحياة». أعرِفُ طبيعة هذا الشعور صدقًا؛ فقد عشتُه سنوات عدّة.

أنت لست بضحيّة! فضلًا، أسْدِ لنفسك ولمن حولك معروفًا وامتلك زمام أمرك وحياتك. إنّ عيش دور الضحيّة يحيل المسؤوليّة إلى قوى خارجيّة لا سيطرة عليها، كأن تنحي باللائمة على الفيروس مثلًا. يشي تحويل المرء نفسه إلى ضحيّة بأن «ليس لي أيّ سيطرة على حياتي، وكلّ الناس والأشياء هي التي تُسيِّر حياتي نيابةً عنّي وضدّ مصلحتي. ولم يكن لي في الأمر ناقة ولا جمل». كم عدد السبل التي أستطيع بها تفكيك أسلوب التفكير هذا لبيان علّة أنّه لن يُجدي نفعًا لحياة ناجحة مُرْضِية؟

إنّ الضحايا يلومون كلّ إنسان وكلّ شيء على ما يحدث لهم. وهم يعيشون في عالم شعاره «أنا على حقّ» و«أنت على باطل». والواقع أنّ العالم بأسره في مخيّلتهم على باطل! فاللوم دائمًا وأبدًا يقع على شخص ما أو شيء ما. الصين هي المُلامة. اللوم يقع على الحكومة. فيروس كورونا المُستجدّ هو الذي دمّر حياتي.

اسمح لي أن أصارحك بشيء: كُفّ عن البحث عن أطراف تلقي عليها باللائمة! إنّ لك دَوْرًا فعّالًا، وبوسعك الاستقرار على خيارات، ويمكنك اتّخاذ قرارات، وما من أحد يستقرّ على الخيارات السليمة طوال الوقت. فإذا وجدت نفسك في موقف «سيّئ»، فتمهّل وقيّم الموقف، وبعدئذ يمكنك أن تتّخذ قرارًا بناءً على الحقائق التي بين يديك.

تعلّم من أخطائك وامضِ قدمًا. إذا كنت في رحلة، وسلكت المخرج الخاطئ، هل تستمرّ في طريقك على أيّة حال وتنهال قدحًا وذمًّا على العلامات الإرشاديّة على الطريق السريعة والشاحنة التي حجبت رؤيتك والاتّجاهات التي أعطاك إيّاها صديقك، إلخ؟ لا! إنّما تستدير بسيّارتك أو تتوقّف وتستفسر عن الاتّجاهات الصحيحة. خلاصة القول: ستبادر إلى تصحيح الموقف وتمضي قدمًا. لِمَ؟ لأنّك **تريد الوصول إلى وجهتك.**

إليك الحقائق المُجرّدة التالية: إذا استقرّ رأيك على خيارات، واتّخذت قرارات لإدخال تعديلات على حياتك لم تُجدِ نفعًا لسبب أو لآخر، ثمّ أنحيت بالمسؤوليّة واللوم على شخص آخر، فإنّ ذلك لن يمحو حقيقة واحدة واضحة وضوح الشمس، **ألا وهي أنّك شريك في الأمر.** إنّ تحمُّل المسؤوليّة يؤدّي دورًا كبيرًا في رحلتك نحو المرونة. وستُذهل عندما تكتشف أنّ شعورًا طيّبًا للغاية سيخالجك عندما تتحمّل المسؤوليّة. الواقع أنّني على استعداد للقول لك إنّ تحمّل المسؤوليّة أسهل من إلقائها على أحد. فإن فعلت، فستلاحقك وتطاردك! وإذا لم تستطع تحمّل المسؤوليّة، فلن يكون بوسعك

إصلاح الأمر، وإن لم تستطع إصلاح الأمر، فلن يكون بوسعك أن تجعل الأمر يُجدي نفعًا.

التزم بالتغيير

إنّ الالتزام بالتغيير يبدو سهلًا يسيرًا في ظاهره. أنا ملتزم بتغيير __________ (املأ الفراغ). يمكنك أن تصرخ بأعلى صوتك لأصدقائك وعائلتك أنّك تتحرّى «الالتزام»، غير أنّ الأفعال أبلغ من الأقوال. قد تكون قدرتك على احترام التزامك أصعب جزء من أجزاء المرونة. وقد تتساءل «لِمَ»؟ والإجابة: لأنّ احترام الالتزام تجاه أيّ شيء هي مُبتدأ كلّ خير. فهو المرحلة التي يتحوّل فيها الكلام إلى شيء له خصوصيّته.

كثير من «الملتزمين» يدّعون رغبتهم الصادقة في أن يكونوا مختلفين أو أن ينجزوا الأشياء بشكل مختلف، ولكنّهم يدورون في حلقات مُفْرَغة. من الصعب أن تتحاور بالمنطق مع أناس ليس لديهم أيّ استعداد لتغيير أسلوبهم. وإلى أن يكونوا مستعدّين للالتزام صدقًا بالتغيير، ما من شيء -يمكن أن أقوله لهم أبدًا- سيغيّرهم أو يلهمهم. فالالتزام كلّه ينبع من الداخل. إنّ الوباء يجعل من الأسهل الإيمانَ بأنّ التغيير مستحيل لأنّ الفيروس يعترض طريقنا ببساطة، ولا يوجد بصيص أمل في الوقت الراهن لزواله.

عندما تلتزم التزامًا صريحًا بالتحلّي بالمرونة، ستجد المثابرة والجَلَد رفيقيْك. ستحترم التزامك تجاه مُثُلِكَ. لن تسمح للآخرين

أن يثنيك عن أهدافك. لن تتردّد ولن تتقهقر ولن تتراجع إلى نطاقك «الآمن» البشع. أنت تعلم تعريف الجنون، أليس كذلك؟ إنّه إنجاز الشيء ذاته مرارًا وتكرارًا، متوقّعًا نتيجة مختلفة.

ما الذي يميّزني شخصيًّا أو يميّز أيّ مُفكر إيجابيّ آخر؟ استيعابنا لفكرة أنّ علينا الالتزام تجاه عيش الحياة التي نعشقها. يجب ألّا نحرّك أعيننا عن الهدف. أشياء كالخوف والقلق لا يجب أن تشتّتنا وتحبطنا. علينا أن نشقّ طريقنا إلى النهاية ونتغلّب على الصعاب والتحدّيات كي نستمتع بالمردود، ولا ننسى في الوقت ذاته أن نستخلص الدروس المستفادة من كلّ تجربة مررنا بها في تلك الأثناء.

أعِدْ برمجة أفكارك

أنا أعشق قانون الجاذبيّة. يمكنك عزيزي القارئ أن تستزيد من القراءة عنه في الكتابيْن العبقريّيْن «عِلم تحقيق الثراء» و«السـر». تنصّ الفرضيّة الأساسيّة لهذا القانون على أنّنا نستقطب الأشياء الإيجابيّة والسلبيّة على حدٍ سواء إلى حياتنا ببساطة بأفكارنا. إذا أردت أن تتفادى وقوع الأحداث السيّئة، فلا تركّزنّ على التفكير في أشياء سيّئة.

لو قُدِّرَ لك أن تدخل غرفة مُظلمة، فلن يُخلِّصكَ التفكير في الظلام من ظُلمتها. يمكنك أن تقف في الغرفة طوال اليوم ولا تنفكّ تفكّر في الظلام، وتتمنّى أن ينقشع، ويمكنك أن تشكو منه وتتعثّر فيما حولك، وأن تُشكّل حتّى «حلفًا ضدّ الظلام». هل سيخلّصك كلّ

ذلك من الظلام؟ لا، قطعًا لا! لا بدّ من أن تفكّر في الضوء وتبحث عنه. لا يقتضي الأمر سوى بصيص من الضوء كي يتبدّد الظلام.

إذا كنت ترغب في جذب الأشياء الإيجابيّة إلى حياتك -كالصحّة والسعادة والمال وغيرها- فعليك أن تفكّر بشكلٍ إيجابيّ حيال هذه الأشياء. استمع إلى ما تقول. فكلماتك تعكس الخطاب الدائر في رأسك. لو كانت سلبيّة، فستستقطب كلّ ما هو سلبيّ.

هنا مثال بسيط: امرأة تمتلك صالونًا للعناية بالبشرة وأرادت إضافة خطّ إنتاج جديد. أثناء حوار واحد معها، أقرّت بأنّها «لا تستطيع أن تتحمّل التكلفة» وكررت ذلك نحو خمس عشرة مرّة (من دون هزل). في نهاية الجلسة، قبضت عميلتها على يدها، وتطلّعت إلى عينيها مباشرةً قائلة: «لو أعلنتِ للعالم بأسره أنّك لن تستطيعي تحمّل التكلفة، فخمّني ماذا سيحدث؟ سيبذل العالم كل ما في وسعه ولن يوفّر جهدًا حتّى تتحقّق نبوءتك على أرض الواقع. وأنت على حقّ. ليس بوسعك تحمّل التكلفة. فإمّا أن تفكّري في طرق لإنجاز المهمّة، وإمّا أن تتخلّي عنها. فالشكوى لن تُجدي نفعًا ولن تكون لك عونًا في موقفك».

يمكن أن يتشكّك الناس في مبادئ كتاب «السرّ»، ولا يتّفقون معها دومًا، لكنّني عشت شخصيًّا قوّة أثر قانون الجاذبيّة على نفسي وعلى عملائي. يمكنك أن تظلّ متشكّكًا، وأن تواصل حياتك وفق «الحظوظ التي منحتها إليك الأقدار»، أو يمكنك أن تنفتح على إمكانات جديدة وترى بنفسك كيف ستسير الأمور. خلاصة القول

أنّك ستعثر على مرادك، فلِمَ لا تبحث عن الإيجابيّات وتحيا حياةً صحّيّة وميسورة؟

تتطلّب المرونة تحوّلًا في تفكيرك. إن لم تكن قد مارست أشكالًا من الانضباط مثل «قانون الجاذبيّة» الذي ينطوي على الامتنان لكلّ الأشياء، فقد تكون أسير قدرٍ كبير من السلبيّة يؤثّر على حياتك.

في قسم لاحق من هذا الكتاب، سأعطيك يا عزيزي القارئ بعض الأدوات المحدّدة التي ستساعدك على إعادة برمجة أفكارك. إنّ السيطرة على أفكارك والإيمان بقدرتك على استقطاب أشياء رائعة إلى حياتك موردان قويّان يمكنك استغلالهما بينما تُجري تعديلات على حياتك بشكلٍ مرن. وإعادة برمجة النحو الذي تنظر به إلى العالم وعمليّة التفكير الداخليّة لديك لها نتائج قويّة وملموسة غالبًا. لذلك، عليك أن تعي أنّ المرونة تنطوي على قدرٍ كبيرٍ من التفكير الإيجابيّ المُشجّع، والأهمّ من ذلك كلّه هو القدرة على كسر أغلال التفكير السلبيّ في حياتك. ففتاة العناية بالبشرة لم يرمش لها جفن قطّ بينما خرجت «أسطوانتها المشروخة» مرارًا وتكرارًا من بين شفتيها. واقتضى الأمر أن يبيّن لها شخص غريب الأمر. يا لها من نعمة! إنّنا بحاجة إلى مزيدٍ من الصادقين في حياتنا.

رجاءً، حذار من صَفّ الكلام السلبيّ الراسخ داخلك والذي سَجّلته في عقلك. آن الأوان لتمحو هذا الكلام وتُسجّل فوقه كلامًا جديدًا. عليك استبداله لا محالة! سألقّنك كيف تفعل ذلك في الفصول اللاحقة.

تحلّ بشجاعة التغيير

أعتقد شخصيًّا أنّ هذا ربّما كان أصعب مبدأ في القائمة يجب أن تتغلّب عليه. كثير من الناس يعيشون حياتهم في حالة دائمة من الخوف فاقم ركود عام 2020 هذا الخوف أيضًا. أدّت وسائل الإعلام دورها في تأجيج نيران هذا الخوف. وأنشأت المنافذ الإخبارية أقسامًا منفصلة بالكامل لمُستجدّات أخبار الفيروس.

عندما يخرج المرء إلى متجر البقالة في عصر القلق من الفيروس الجديد هذا، لا يسعه أن ينسى الأمر. لدى الصرّافين الآن حواجز بلاستيكيّة أو زجاجيّة بينهم وبين الجمهور. غالبيّة الناس يرتدون أقنعة لحماية أنفسهم والآخرين. إشارات التباعد الاجتماعيّ موجودة في كلّ مكان إذا لم تُرِد أن تشغل بالك بالتفكير في الفيروس، فستفكّر فيه رُغمًا عنك. أنا أوّل مَن يعترف بأنّ الفيروس يثير قلقي أيضًا حتّى رغم موقفي الإيجابيّ ونظرتي الحياتيّة المستقبليّة المُتفائلة.

مع ذلك، فإنّني لا أعتنق فكرة أنّ الفيروس أو أثره السلبيّ على الاقتصاد سيحبطني. فما دمت قد حظيت بنعمة الحياة، سأواصل المضيّ قُدمًا خطوة بخطوة.

يتعلّل الناس بالخوف لتبرير عدم قدرتهم أو عجزهم عن إنجاز شيء ما. في كتاب «وداعًا للأعذار» ناقش واين داير النحو الذي نستخدم به قائمة المعتقدات الراسخة بعمقٍ هذه -وأغلبها أساسه الخوف- لتفادي إدخال تعديلات على حياتنا. لن أخوض في جميع الأعذار التي ساقها، غير أنّ أحدها كان «لا يمكنني أن أتحمّل مشقّة الأمر».

قال دير: «يمكنك أن تتحمّل مشقّة أيّ شيء تريده»، وهو محقّ تمامًا. بوسعي أن أسمع القهقهات الساخرة وأن أرى علامات الذهول المرتسمة على وجوه بعض قرّائي. فقد عشت هذا الموقف طوال فترة مديدة من حياتي أيضًا. لحسن الحظّ أنّني ترجّلت من ذاك القطار. استغرقني الأمر سنين عديدة، لكنّ الأوان لا يفوت أبدًا.

إنّ اللغز الحقيقيّ الكامن وراء المخاوف والأعذار يتمثّل في مدى فتقارها كلّها للمنطق عندما تتعمّق في علّتها الجذريّة. فعندما تتعلّل بعذر أو تستحضر سببًا يعلّل فشلك وافتقارك للقوّة الكافية أو الذكاء الكافي أو الثراء الكافي الذي يؤهّلك للمضيّ قدمًا، سل نفسك: ما الذي أهابه إلى هذا الحدّ؟ وما الذي يحول بيني وبين السعي وراء الحياة التي طالما تمنّيتها؟

إنّك بحاجة إلى انتزاع ما يعيقك بوعي منك عن تغيير حياتك والارتقاء بها. الذين يتحلّون بالمرونة يعرفون كيف يتكيّفون ويتغيّرون بسلاسة كي يجدوا طريقهم. وهم لا يَعْلَقون داخل تكوينات أساسها الخوف تعرقل حركتهم دائمًا وأبدًا، ويتحلّون بالشجاعة نفسها التي تحلّى بها داود إذ واجه جالوت. هم ليسوا أقوى أو أعظم من أقرانهم، لكنّهم قد يكونون أكثر منهم حكمةً. وهم أكثر استعدادًا لرؤية كلّ ما هو قاب قوسين أو أدنى منهم بحبّ استطلاعهم، لا بنظرة خاطفة يشوبها القلق وعينين مُغمضتيْن وقفزة إلى الوراء.

إنّ التغيير يتطلّب مرونة وقدرًا كبيرًا من الشجاعة والإيمان. ويقتضي ثقةً حقيقيّة ويقينًا في أنّ بوسعك التعاطي مع أيّ تحدٍّ. الآن، أنت تملك

كلّ شيء يؤهّلك لتحقيق جميع أهدافك وأحلامك وما يتجاوز أهدافك وأحلامك. يمكنك أن تستقطب أيًّا ما كنت بحاجة إليه عندما تقرّر التحرّك تجاه أحلامك. إنّ المرونة تعني أنّك عندما تواجه الخوف، وكلّنا نواجهه، فإنّك لا تتقهقر وتفرّ هاربًا طلبًا للسلامة و«الأمان». عليك أن تواجه مخاوفك وجهًا لوجه. إنّك تعلم تمام العِلْم في قرارة نفسك أنّ بوسعك إنجاز أيّ شيء متى خالجتك رغبة عارمة في إنجازه.

> رجاءً لا تتعاطَ مع هذا التشجيع باعتباره عذرًا لاتّخاذ قرارات مفاجئة لا تناسبك ولا تناسب الذين تهتمّ لأمرهم. ربّما تكون بحاجة رغم كلّ شيء إلى وظيفتك الدائمة أو وظيفتك التي تشغلها بدوام جزئيّ حتّى تنطلق أعمالك أو حتّى تعثر على وظيفة لطالما كنت تريدها. ولكن، عليك أن تتحلّى حقًا بالانضباط والانتباه والالتزام تجاه هدفك الأوّل. وعليه، خطّط وحدّد أولويّاتك واتّخذ الإجراءات التي ستنطلق بك نحو أهدافك كلّ يوم.

شجاعة من هذا النوع ستجترح معجزات في حياتك. فهي تحوِّل سماسرة العقارات السابقين إلى مؤلّفين ومدرّبين (حياتي التي «أحلم» بها). وتتعامل مع الأفكار التي يستحضرها خيال الشجعان وتحوّلها إلى نجاحات ملموسة منقطعة النظير. عندما تنال المعجزة التي تتمنّاها أيًّا كانت أو يأتيك السحر بما تشتهي، ستتطلع إلى الماضي وستدرك أنّ كلّ الخوف الذي انتابك لم يكن سوى ستار دخانيّ كان له أن يدمّر حياتك لو أُتيحت له الفرصة. عندما تُدخل تغييرات على حياتك بشجاعة

بجسارة، وتمدّ يدك لتصل إلى أحلامك، ستتآزر كلّ الظروف لكي تنال مرادك. أعدك بذلك! مَن ذا الذي اختلق قاعدة أنّ التغيير مرعب؟ حقًّا؟ لِمَ؟ لِمَ لا يكون التغيير رائعًا؟ إنّه كذلك في الواقع! ومن ثمَّ، تحلّ بشجاعة التغيير وراقب النتائج. كفّ عن القلق بشأن الفيروس! ودعِ القلق بشأنه لخبراء الفيروسات والعلماء. ابذل قصارى جهدك، وابقَ آمنًا ومُطّلعًا على المستجدّات، وواصل المضيّ قدمًا. اخطُ خطوات وئيدة، إذا كان هذا جلّ ما تستطيع أن تفعله لفترة وجيزة. ما زلت أنا شخصيًّا أخطو خطوات وئيدة بين الفينة والأخرى. في كلّ يوم، ابذلْ قصارى «جهدك»، لا مفهوم شخص آخر عن «قصارى» الجهد.

ملاحظة مهمّة بخصوص القلق والتوتّر والمناعة:

عندما نشعر **بالتوتّر**، فإنّ قدرة الجهاز **المناعيّ** على محاربة المستضدّات **تتراجع**. ولذلك نكون أكثر عرضة للإصابة بالعدوى. من الممكن أن يقوّض **هرمون** الإجهاد المعروف بالكورتيزول **فعاليّة** وكفاءة **الجهاز** المناعيّ (فيقلّص عدد الخلايا اللمفاويّة مثلًا). هل تودّ أن تزيد من احتمالات حفاظك على صحّتك أثناء تفشّي فيروس كورونا؟ تخلّ عن قلقك.

إذا ساورك الخوف، فلا بأس. استشعر الخوف، ولكن لا تُطل استشعاره أكثر من اللازم. استشعره وتحاور معه ثمّ امضِ قدمًا. عندما تواجه موقفًا آخر مريبًا ومثيرًا للذعر، أعد الكرّة. بمرور الوقت، «ستتعافى» من مشاعر الخوف أسرع من ذي قبل.

ثابر! الزم مسارك إلى النهاية

قد تشعر بالإلهام والحافز والاستعداد للمضيّ قدمًا في حياتك. قد تراودك أحلام بأنّ كسّارة بندقٍ حقيقيّة تغدق عليك البركات وحسن الطالع. لعلّك شددت حِبال هِمّتك وشددت أزرك بنفسك، وأخرجت نفسك من الأزمة. أنت الآن تقف مزهوًّا متفاخرًا ومستعدًّا للتعامل مع التحدّيات. لن ترجع إلى وظيفة سُرِّحت منها مؤقتًا أثناء تفشّي الفيروس. وظيفة لم تكن تروق لك أصلًا. ستنهي علاقة عقيمة، وستلتقي شخصًا جديدًا، وستدشّن عملًا جديدًا.

مهما كانت رغبتك الراسخة في فؤادك، ستجد في نفسك الحماس والاستعداد للتصدّي للتحدّيات. بعد ذلك... آه، لا، فأوّل عقبة/ صخرة كبيرة ستعترض طريقك بدهاء وكأنّها تسخر من قرارك وتستهزئ به. سيكون هذا وقت تذكير نفسك بأنّ «التحلّي بالقدرة على المثابرة حتّى النهاية» سيساعدك على التوصّل إلى طريقة للتغلّب على هذه العقبة بدلًا من أن تقرّر الاستسلام بشكل انهزاميّ.

لنبحث القصّة التالية: أسّس عدد كبير من المقاولين أعمالهم في الوقت ذاته. كان هناك رجل يُدعى جون مصمّمًا على أن يصبح مقاولًا عامًّا، ولم يعد يودّ أن يعمل لصالح رئيس عُمّاله بعد. أراد أن يكون مالك مشروع. خطا الخطوة الأولى واستقال من وظيفته. في خلال أشهر، لم يكن لديه سوى عمل محدود. ولكن، بمرور الوقت، تشتّت جون عن غايته وهدفه. فقد كانت زوجته بحاجة إلى عونٍ في عملها المعنيّ باستبقاء العملاء، ومن ثمّ بدأ جون يمدّ يد العون لها

ثلاثة أيّام في الأسبوع. وسرعان ما تحوّلت الأيّام الثلاثة إلى أربعة، وفجأة لم يَعُد يعتني بعُملائه. حين عاد يعتني مجدّدًا بعمله، كان عملاؤه القلِقة قد أصابتهم خيبة الأمل ورحلوا عنه.

بدلًا من أن يواجه تحدّي البدء من البداية الحتميّ مجدّدًا، سمح جون لنفسه بأن تتشتّت بخطّة احتياطيّة، وشغل وظيفة لدى شركة أخرى. فقد ظنّ أنّه سيبني موارده، وأنّه سيبدأ مشروعه مجدّدًا في يوم من الأيّام. قَبِلَ جون تلك الوظيفة منذ عاميْن. وما برح يعمل لصالح شخص آخر. فتحوَّلَ مساره إلى الأبد، وضاع زخمه هدرًا. ربّما لن يبني شركته مجدّدًا أبدًا. لم يدرك جون أهمّيّة المثابرة إلى النهاية. فقد أخذ وقتًا مُستقطعًا دائمًا في منتصف الطريق، وأقدم على محاولة يعوزها الحماس لإزالة العقبات، لكنّه لم يفلح في الواقع. لحظة حدّث نفسه أن: «يا للهول! إنّه لأمر بالغ المشقّة!»، كان قد التفت إلى شيء آخر. لم يحقّق جون حلمه على أرض الواقع. وما زال يرجع إلى البيت كلّ ليلة ويتذمّر بشأن رئيسه الجديد في العمل.

الآن، لننظر إلى أثر فيروس كورونا المُستجدّ على أصحاب الأعمال ممن ربّما عملوا لسنواتٍ على بناء شركاتهم، وإذا بالجائحة تحطّم أحلامهم... أو تُبدّلها تبديلًا. كثير من الشركات تداعت، بينما ازدهرت شركات أخرى. كيف يستقيم ذلك؟ على سبيل المثال، لماذا أغلق بعض أصحاب المطاعم أبواب مطاعمهم بينما واصل آخرون مسيرتهم؟

إليكم دراسة حالة عظيمة. هناك صاحب مطعم ازدهرت أعماله اعتمادًا على تقديم الأطعمة والوجبات داخل مطعمه، لم يخسر ماليًّا

حتّى في خضمّ الإغلاق الكامل. لِمَ؟ لقد غيّر صاحب المطعم هذا تحديدًا نموذج عمله. فشرع يُعدُّ وجبات مُخصّصة لأغراض التوصيل المنزليّ. بعد ذلك، أغلق مورّدوه أبواب شركاتهم. هل تخلّى عن عمله واستسلم؟ لا. كلّ ما في الأمر أنّه حوّل بوصلة سلسلة توريده، وتوجّه إلى الأطعمة العضويّة الإقليميّة. وجبات عضويّة منزليّة الصُنع تُسلَّم عند عتبة منزلك!

ما الذي يجعل صاحب المطعم هذا مختلفًا عن كثيرٍ من منافسيه الذين أغلقوا أبواب مطاعمهم؟ المَوْقِف! عندما تتحلّى بالمرونة، ستعرف أنّ «العقبات» أو «الفيروسات» لا بدّ من إزالتها من الطريق. لن تكسر كلّ العقبات ظهرك، كما لن تُهلكك جميع الفيروسات. من المرجّح أن تكتشف ذلك وأنت تخوض تجربة فهم أنّ «العقبات» أو «الفيروسات» لا يُراد لها إلّا أن تكون اختبارات وحسب -ووسيلة لامتحان مرونتك والتزامك وإيمانك وقدرتك على المثابرة إلى النهاية- وسيُذهلك إدراك أنّ تلك العقبات تتضاءل وتتحوّل إلى حصى تطأه بقدميْك بمرور الوقت حتّى يصبح بوسعك أن تطيح بها بأطراف أصابعك حرفيًّا.

أعْرِفُ ما يدور بخلدك. أعْرِفُ ما يدور بخلدك. يبدو الأمر أبسط من اللازم. صحيح أنّه لا يمكن لكلّ مطعم/ شركة أن يصمد في مواجهة تحدٍّ كبير. ولكن، عليك على الأقلّ أن تبذل قصارى جهدك وأن تقاتل من أجل أحلامك. وواصل نفض الغبار عن نفسك كلّما تعثّرت. وتابع طريقك مجدّدًا (تعثّر/ افشل بينما تمضي قدمًا). حاول

أن تحيا حياتك وحسب على النحو الذي أوصيتُ به، وسيبدأ كلّ شيء في العمل كهذه الآلة المتناغمة لتدفعك دفعًا حرفيًّا نحو النجاح. دائمًا ما أقول للناس: «ثقوا بالسحر. ولا تحاولوا تحليل الأمور». جِد طريقة للتحايل على عقباتك أو مراوغتها أو تجاوزها. ستحيا حياةً أسعد بكثير بهذه الطريقة، حياة هادفةً.

اجنِ الثمار

ننتقل الآن إلى مبدأي المفضّل: ألا وهو جني الثمار. فور استيعاب المرونة واكتسابها، ستتحقّق لك نتائج غير متوقّعة. وعندما تتغلب على عقباتك وتتحرّك في الاتّجاه السليم، ستستمتع بحياةٍ لم تكن تحسب أنّها ممكنة أبدًا. لن يصيبك الإجهاد والتوتّر ولن تستسلم. لن تخسر حربك في مواجهة أصغر الأعداء على الإطلاق. بدلًا من ذلك، ستراها أشبه بأيّ تحدٍّ تتصدّى له في حياتك. ستعرف كيف تحدّد ركيزة مشاكلك وكيف تحلّها، فلا تُطِل التفكير فيها. عليك أن تكون جريئًا مقدامًا، لا محزونًا متشائمًا لا يكفّ عن التذمّر من أنّه لن يصيب نجاحًا أبدًا.

إنني أستيقظ كلّ يوم وأشكر الله على بلوغي مرحلة الاستيعاب التامّ للأمور، ولا أكفّ عن الكدّ والاجتهاد لأجل التعلّم والنموّ والتطوّر. أحمد الله على الأشياء الكبيرة والصغيرة على حدّ سواء، وأشكره على مساعدتي على إماطة اللثام عن المرأة المذهلة التي خلقها بكلّ حبّ!

الفصل الخامس

اصنع رؤيتك

«ليس بوسعك تسجيل هدف إذا كنت جالسًا على دكّة الاحتياطيّ. ولتفعل ذلك، عليك أن ترتدي ملابسك وتخوض غمار المباراة». **إسرائيلمور آيفور**

من المهمّ أن ترتدي ملابسك الرسميّة المناسبة للعمل، حتّى إن كنت تعمل من البيت. فالعمل في منامتك لا بأس به بين الفينة والأخرى، ولكن عندما لا تكترث لارتداء ملابسك، من الممكن أن يخالجك شعور بالكسل والتلكّؤ. ارتدِ ملابسك كلّ يوم وكأنّك ستخرج على الملأ. لا أقول لك ارتدِ بدلة. ولكن، ارتدِ شيئًا يجعلك تشعر بالرضا عن نفسك وحسب.

ما الحياة المرنة من دون رؤية؟ لا شكّ أنّ بوسعك التحلّي بالمرونة والمضيّ قدمًا، لكن دعني أسألك: «إلامَ؟ ونحوَ أيّ غاية؟»، ولِمَ تكترث إذا لم يخالجك شعور بالغاية والهدف، ولم تكن لديك رؤية تسترشد بها؟ هل قرأت هذا السؤال حقًّا؟ من المفترض أن يقفز الجزء المُتعلّق بـ«لِمَ تكترث» في وجهك مباشرةً. من دون رؤية حقيقيّة واضحة وضروريّة (وأعني ضروريّة بحقّ)، ستقع في فخّ حياة «لِمَ أكترث؟» وستَعْلَق فيه.

عندما تفقد وظيفة أو تُسرَّح من العمل مؤقّتًا أو يصيبك الضجر وحسب من حالة الركود الناجمة عن المسار المهنيّ المُفتقر للغاية والقصد، يمكن أن يؤول بك المآل إلى أن تشعر وكأنّ حياتك حطّت على كومة نفايات «علّة عدم الاكتراث». أعني صِدقًا: لِمَ تكترث؟ عندما تشعر بانعدام الرؤية أو الغاية أو الشغف، من الممكن أن تستسلم بسهولة لمخاوفك الباطنة وأن ترخي الحبل للغضب وتنسى أن تبصر الجمال الذي يحيط بك من كلّ جانب. من الممكن أن يتسرّب من بين يديك عامل «السعادة» والمتعة الراسخة.

أثناء الجائحة، اكتَسَبَت ظاهرة «لِمَ أكترث» معنى جديدًا كليًّا. فالذين سُرِّحوا من وظائفهم ولزموا بيوتهم سرعان ما اكتشفوا مستوى فريدًا من الضجر وانعدام الغاية والهدف. ما الذي يدعوك إلى ترك سريرك طالما أنك لا تملك غاية أو شغفًا أو أهدافًا تريد تحقيقها؟ السرير مكان مريح للغاية، وأفضل حتّى لو كان هناك تلفاز على مقربة منه. من الممكن أن يصبح السرير غرفة معيشتك وقاعة طعامك ومنطقة ترفيهك ومكان خلودك إلى النوم. لم يجشّم بعض الناس أنفسهم عناء ارتداء ملابسهم حتّى لو كانت لديهم وظائف. وأمسى السؤال المثير للضحك في برامج البثّ الإخباريّ: «هل ترتدي سروالًا؟».

تكتسي ظاهرة «لِمَ أكترث» بطابع كسيح يكاد يفتقر إلى أيّ بريق. مَن ذا الذي يهتمّ؟ ولِمَ أكترث؟ وإذا لم أكن أهتمّ، فلن أشعر بخيبة أمل. ولن أضطرّ إلى أن ألتزم تجاه أيّ شيء، بما في ذلك سعادتي ورفاهتي. إنّني أسلك درب الكفاف البغيض، قاطعًا طريق لا ملامح

له إلى «العدم». ومن ثمَّ تنبع الحاجة إلى رؤية وهدف وصورة جديدة للوجهة التي تودّ أن تقصدها والشخص الذي تريد أن تكونه، وأعني شيئًا يحفّزُك ويلهمك ويوجّهك.

يحاول السواد الأعظم من الناس، إذ يجاهدون لالتماس دربهم، أن يستجمعوا شعورهم بالمرونة لمواصلة الطريق، غير أنّهم لا يكفّون عن الكفاح والجهاد. لأنّ الكفاح ليس ممتعًا، فإنّهم يجدون صعوبة بالغة ترقى لمرتبة المستحيل في الاستمساك بأحلامهم. لماذا يشقّ عليهم أن يتشبّثوا بأحلامهم؟ إنّهم يفتقرون لرؤية واضحة، والأهمّ من ذلك أنّه ينقصهم الإيمان بقدرتهم، بل وبحقّهم، على مُعايشة هذه الرؤية على أرض الواقع.

فالرؤية تعمل عمل البوصلة. عندما تفكّر في الأمر، ستجد أنّ أكثر الناس مرونةً على الإطلاق لديهم رؤية واضحة لما يريدون إنجازه. عندما يسقطون، فإنّهم ينهضون مرارًا وتكرارًا حتّى يتسنّى لهم إنجاز أهدافهم. يخالجهم شعور بالتمكين. وتصبح المرونة أشبه بيدٍ تضغط على دوّاسة الوقود لتنطلق بهم نحو شيء مهمّ وذي مغزى بالنسبة لهم. من دون شعور قويّ بالغاية والشغف، قد تتعثّر وتسقط. وتضمحلّ طاقتك. ويتضاءل طموحك. وتتداعى رغباتك.

إنّ الرؤية القويّة تَقْلِب حياتك رأسًا على عقب، فترتفع مستويات طاقتك، ويزداد طموحك، وترتقي رغباتك، ولا يخالجك شعور بأنّك على أهبّة الاستعداد وحسب، وإنّما تشعر بأنّك جاهز تمام الجاهزيّة للتغلّب على أيّ عقبات قد تعترض طريقك.

تعمل الرؤية عمل المحفّز الشخصيّ والدافع والأداة المُلهمة التي تحثّك على المضيّ قدمًا. يقترض البعض المال ويخسرونه ويفقدون وظائفهم، لكنّنا نراهم طوال هذا الوقت لا يملكون رؤيةً ولا غايةً في الحياة مطلقًا. عندما تكون موفور الحظّ بما يكفي لتملك رؤية، فإنّ هذه الرؤية ستعمل عمل بوصلتك وستعينك على العثور على طريقك.

خلال فترة الركود العظيم، التحقت ببعض الحلقات التدريبيّة أثناء مزاولتي عملي في مجال العقارات. منحتني هذه الحلقات إلهامًا حقيقيًّا، وساقني هذا الإلهام إلى تدشين عملي الخاصّ وتأليف كتابين. والآن ها أنا ذا قد أخرجت هذا الكتاب للنور ولديّ المزيد من المشروعات الجارية حاليًّا. كانت رغبتي أن أساعد الآخرين في العثور على طريقهم، واستخدام هذه البوصلة البالغة الأهمّيّة لتوجيههم. استغللت فكرة أنّني سأؤلّف كتابًا، وأقنعت نفسي بهدف أكبر: ألا وهو استغلال الكتاب كمنصّة لإلقاء كلمات وإقامة ورش عمل. شعرت بحاجة عميقة في قرارة نفسي تحثّني على نشر الرسالة.

بينما انطلقت في رحلتي، ابتكرت رؤيتي الخاصّة، ثمّ خطوت خطوة بالغة الأهمّيّة: ألا وهي أنّني صنعت لوحًا لرؤيتي، وألصقت أحلامي باللوح، واستخدمت هذا اللوح للحفاظ على وضوح وجلاء هويّتي السابقة والراهنة والأهداف التي أسعى إلى تحقيقها في مخيّلتي. يمكنك يا عزيزي القارئ أن تتعرّف على المزيد عن ألواح الرؤية في كُتب مثل كتاب «السـرّ» الذي يتناول ذلك الموضوع بقدرٍ أكبر من الإسهاب. من ناحيتي، أودّ أن أؤكّد على قوّة الرؤية والحاجة لدعم

لوح أو مُفكّرة الرؤية، أيًّا ما كان ما يناسبك. أقترح مزيجًا من الاثنين ليذكِّرك بأهدافك، لا سيّما عندما تعيش بعض الأيّام العصيبة.

كيف يمكنك تحديد رؤيتك أو العثور عليها؟ كثير من الناس يجهلون كيف يفعلون ذلك. حتّى عندما أشرح لهم ما أنا بصدد التعمّق فيه هنا، أراهم رغم ذلك يكافحون ويتعثّرون. عندما أتحدّث إلى جماعات من الناس، يطيب لي أن أقترح عليهم الإجابة بصراحة وصدقٍ عن السؤال التالي القديم: «لو كان لدي عشرة ملايين دولار، فما الذي أفعله لبقيّة حياتي؟». حسنًا، ما الذي ستفعله عزيزي القارئ؟ أو تحرّيًا لمزيد من الدقّة، هل ستظلّ تزاول ما تقوم به من عملٍ الآن؟ لنفترض أنّك لن تفعل ذلك على الأرجح.

لو كانت بحوزتي عشرة ملايين دولار، فيسعني القول إنّني سأظلّ أزاول ما أقوم به من عمل الآن. قد تساعدك إجابتك عن سؤال ملايين دولار العشرة على تحديد رؤيتك. أعرف أنّ إجابتك لن تنطوي على ما يلي: الوقت الذي ستنفقه على مزاولة عمل يقتل حماسك وشغفك، والوقت الذي يُهدر على علاقة عقيمة، والوقت الذي تمضيه في عمل أيّ شيء يُشعرك بالبؤس والشقاء.

إنّ الفخّ الكبير الذي يقع فيه ملايين البشر هو أسلوب حياة الكفاف الذي يطغى عليه الضجر وقصور الاهتمام وفقدان الطاقة، وغياب أيّ داعٍ يدعو المرء للخروج من سريره عمومًا. تذكّر أنّه لا يُناط بك أن تخوض أيّ تجربة متطرّفة لتجد حياتك، وقد جَنَحت بك إلى حالة ضبابيّة لا معنى لها. الواقع أنّ مسايرة الظروف هي أخطر

خصم لك على الإطلاق؛ كلّ ما في الأمر أنّها ليست بالظاهرة المُؤرِّقة بالقدر الكافي. من الممكن أن تصبّ علينا التجارب المتطرّفة شيئًا من المنطق: إن سمحنا لها بذلك، لو كنّا منفتحين على تلقّي الدرس المستفاد منها.

ربّما سمعت يا عزيزي القارئ عن تجربة الضفادع: إذا وُضِعَ ضفدع في إناء من الماء البارد، وسُخِّنَ الماء تدريجيًا وعلى مهل، فسيبقى الضفدع في مكانه حتّى الموت. يتكيّف الضفدع مع درجة الحرارة بينما ترتفع **درجةً تلو الأخرى** على مهل، ويظلّ أسير «بقعته المريحة» هناك. ولكن، إذا أُلقي الضفدع في إناء يحوي ماءً يغلي، فسيقفز خارجه على الفور. هل ستعتاد الوضع الراهن بشكل تدريجيّ حتى يُميت روحك في نهاية المطاف؟ آمل ألّا تفعل بالتأكيد! كُن الحالِم المُحرِّك للأمور من حولك المُزعْزِع لها، كُن الشخص الذي تستجيب له الأحداث.

الفصل السادس

ضع خطّتك وتحرّكْ

تحلَّ بالجرأة ولا تخف من شيء!

إنّ العثور على رؤية أو فكرة تمكّنك من الانطلاق والمضيّ قُدُمًا يؤدّي دورًا مذهلًا وقويًّا في عمليّة اكتسابك المرونة. لا ينبغي أن تكون رؤيتك فكرةً هزيلة تخرج بها من هوّة اليأس بعد أن فشلت في العثور على أيّ فكرة. لا بدّ من أن تُبنى رؤيتك على شيء تريده حقًّا وصدقًا. إن كنت تريد شيئًا بكلّ إرادتك -وكنت تنشده بحقّ- فستواصل تقدّمك ورقيّك نحو حلمك بغضّ النظر عن العقبات التي تعترض طريقك، حتّى لو تعثّرت وسقطت مئات المرّات.

صغْ رؤيتك من دون خوف أو قلق أو هيبة أو أسئلة على غرار «هل يمكنني تحمّل الثمن؟» و«ماذا لو فشلت؟»، و«ماذا لو لم أنجح؟». لا، يا صديقي! ينبغي أن تكون رؤيتك تبنّيًا كاملًا للأحلام المحفوظة في الذاكرة أو المنسيّة تقريبًا التي يصرخ في أعماقها هاتف يتمنّى لو يُسمع صوته. هذا «الهاتف» هو الحقيقة. إنّه حقيقتك ورغباتك الداخليّة الراقعيّة التي تقبع بانتظار أن تتحقّق. لا يجب أن تقوى

شوكتك ثمّ تضعف مجدّدًا في تعاطيك مع أيّ أسئلة لا جواب لها أو مخاوف لا سبيل لتبديدها، ولكن أسْلِم روحك بالكامل إلى الحقيقة الخالصة التي لا مراء فيها. ما الذي تريد أن تزاوله أكثر من أيّ شيء آخر في الدنيا؟ بربِّكَ! كلّ إنسان لديه إجابة عن هذا السؤال، ولكنّ أغلبنا يهاب حتّى التفكير فيه. إنّنا إمّا أن نختلق أعذارًا وإمّا أن نتجاهل احتمال تحقّق أحلامنا على أرض الواقع. إنّني أطالبك الآن بأن تحيا لحظة «الوقوف على أرض الواقع». نحّ كلّ الهراء جانبًا واكتشف ما تريد أن تفعله فيما تبقّى من حياتك، بدءًا من هذه اللحظة.

والآن، اسمح لي عزيزي القارئ بأن أحذّرك تحذيرًا جليًّا. فمهما كانت رؤيتك، بوسعك الوصول إليها، لكنّك بحاجة إلى أن تكون مُلمًّا بحقائق بالغة الأهمّيّة. لرحلتك المؤدّية إلى تحقيق رؤيتك حقيقتان مهمّتان عليك أن تستوعبهما وتتقبّلهما عن طيب خاطر.

أوّلًا، عليك أن تكون مرنًا ومُنفتحًا، والأهمّ من ذلك أن تكون سريع التكيّف طوال الوقت. «سِر مع التيّار» في رحلتك (ولا أعني مسيرة الأكثريّة). احذر، فالرحلة لا تتبع الدرب نفسه أبدًا حتّى لو حاولت إنجاز الأمور بالطريقة عينها كلّ مرّة. فهذا ليس ديدن الحياة! إنّ الحياة والكون والمشيئة الإلهيّة ألوان من الطاقة، ولا يمكننا الجزم بالنحو الذي تتحوّل به الطاقة، وبأيّ الأبواب ستُفتح أمامنا وأيّها سيُقفل في وجوهنا، والمآل الذي ربما نؤول إليه. هذا لا يعني ألّا تضع أهدافك نصب عينيك، وتؤلف بين نبضات قلبك ورؤيتك.

دع الحياة وحسب ترتقي بك وتسوقك إلى مكان رائع، ثمّ تتدفّق إلى مكان آخر، وتسوقك طوال الوقت نحو رؤيتك.

ثانيًا، قد تبدو رؤيتك المُتحقّقة تمامًا كما تصوّرتها في مخيّلتك، وقد لا تبدو كذلك. إنّ الصورة نادرًا ما تتحقّق كما تخيّلناها، لكنّ هذا لا يعني أنّها لن تتحقّق، وقد تبدو حتّى أفضل ممّا دار في مخيّلتنا. هنا يكمن السحر كلّه: في التحوّلات والتغيّرات اليوميّة التقليديّة التي تحدث بطرائق غير متوقّعة. عندما تشعر بألم خيبة الأمل، وتفقد إيمانك برؤيتك، ذكّر نفسك بالعمليّة واستوعبها وثابر وتشبّث بالأمل لفترة أطول قليلًا. حينئذ تحدث المعجزة! ويلقي لك الله بالحلّ في وجهك، وإذا بك في قلب رؤيتك التي دارت في مخيّلتك! في بعض الأحيان، ينصبّ تركيزنا جميعًا على ما نريده بالضبط وكيف نريد أن يحدث، لدرجة أنّنا نغفل الباب الكبير الواضح المفتوح على مصراعيه في دربنا. حينئذ تتدخّل المشيئة الإلهيّة وتلفت انتباهنا! ستقف ذاهلًا مُتعجّبًا. لكن، دعني أشاطرك ما يلي: لا تحاولنّ تفسير الأمر واستبيانه. فعند الله مقادير الأمور. امضِ قدمًا وحسب. فلا يسعك أن ترى الصورة الكاملة من موقعك هذا. أنت داخل الصورة. دع مدبّر الأمور يضع لك الخطّة، فهو يرى الأشياء من علٍ.

في ظلّ الجائحة، لن يكون أسلوب حياتنا المستقبليّ واضحًا كما كان منذ ستّة أشهر. فقد تغيّرت الوظائف بالفعل. وأمسينا نرى الناس تعمل وراء حواجز زجاجيّة وترتدي أقنعة للوجه. حتّى حياتك المهنيّة الحاليّة أو وظيفتك التي تداعب أحلامك سيؤول بك المآل إلى إنجازه في بيئة مختلفة وبطريقة مختلفة. قد تضطرّ إلى تعديل

رؤيتك وفقًا لهذه التغيّرات الاجتماعيّة الضروريّة لحمايتنا ليس من فيروس كورونا وحسب، وإنما من الفيروسات المستقبليّة أيضًا. تذكّر أنّ هذه ليست الجائحة الأولى. فقد قُورن فيروس كورونا بالإنفلونزا الإسبانيّة عام 1918 التي أودت بحياة الملايين. كُن منفتحًا وحسب على النحو الذي ستبدو عليه الحياة في المستقبل، وعدِّل رؤيتك وفقًا للوضع الطبيعيّ الجديد.

ها أنت ذا تلمس أهمّيّة رؤيتك وحاجتك إليها الآن. وترى أنّه، مهما كانت الرؤية التي تصنعها لنفسك، لا بدّ من أن تجعلها تعني شيئًا هادفًا بالنسبة لك.

عليك أن تجعل من هذه الرؤية أمرًا بالغ الأهمّيّة لك فتمسي كالطفل الذي يتشبّث بلعبةٍ ولا يريد أن يفلتها أبدًا. ستستخدم هذه الرؤية لتحديد السبب الذي يدعوك لتتحلّى بالمرونة في الأوقات العصيبة. لا بدّ من أن تكون مُلتزمًا تمام الالتزام تجاه رؤيتك ومُتأهّبًا بالكامل للدفاع عنها. والأهمّ من ذلك (وهذا أمر بالغ الأهمّيّة) أن تقفز عابرًا الباب المؤدّي إلى رؤيتك لحظةَ أن يُفتح أمامك. صدّقني... إنّ الذين يعيشون بشغفٍ وغاية والتزام تجاه حلمهم سيُفتح لهم الباب على مصراعيه في اللحظة المناسبة تمامًا.

عندما يُفتح الباب، تحرّك على الفور واعبر.

قد تكون عالِقًا في حبائل الخوف لدرجة أنّك أُصبت بالشلل ولزمت مكانك. وقد يُفتح الباب أمامك وتطلّ عليك أشعّة الشمس

الذهبيّة المُشرقة فتغمر روحك، فلا يسعك إلّا أن تقف هناك مكتوف الأيدي، يكبّلك انعدام ثقتك بذاتك وقلقك وآلامك. إنّك تودّ بكلّ ما أوتيت من قوّة أن تعبر هذا الباب، لكنّك لا تستطيع (أو على الأقلّ تظنّ أنّك عاجز عن ذلك).

جائحة فيروس كورونا لا تساعدك هي الأخرى! إنّه لمن المخيف أن نسمع عن أُناس فقدوا وظائفهم وعجزوا عن سداد الإيجار أو الرهن العقاريّ ولم يقدروا على تأمين قوت عائلاتهم. الفيروس يحصد الأرواح، وترحُّم مذيعي الأخبار على الضحايا لا يرفع من روحك المعنويّة. إنّنا نشعر جميعًا بالتوتّر بدرجة أكبر أو أقلّ. لا يسعنا ألّا نلتفت إليه البتّة. فهو غالبًا ما يتجلّى أمام عينيك أينما حللت. لا تدع الأمر يشلّ حركتك ويعطّلك. فالحياة يمكن أن تخلق العديد من العقبات بغضّ النظر عمّا يجري من أحداث من حولك. إنّك بحاجة الآن وأكثر من أيّ وقت مضى لأن تُعزّز رغبتك في المضيّ قدمًا. الحياة لا تقف أبدًا، ولا تنتظرنا حتّى نكتشف ما علينا إنجازه.

أبطئ وتيرتك عند الحاجة، ولكن لا تكفّ عن أن تخطو خطوات بسيطة إلى الأمام -خطوة صغيرة تلو الأخرى- حتّى لو كنت بحاجة إلى الاستعانة بشيء من الدعم كي تخطو تلك الخطوات.

دعني أقصّ عليك يا عزيزي القارئ قصّة امرأة سندعوها رندا. لقد اضطرّت رندا إلى مكابدة مشاعر «العذاب» مرّة أخرى قبل أن تتعلّم الدرس المستفاد. فبعد أن رحلت عن منصبٍ بشع عانت ويلاته لعشر سنوات في واحدة من الشركات، سارعت باللحاق

بانقطاع المؤسّسي مجددًا لتشغل وظيفة أخرى وتأتمر بأمر رئيس صعب المراس للغاية، قبل أن تتغلّب أخيرًا على خوفها من إنشاء شركتها الخاصّة. عندما فتحت قلبها وعقلها على الاحتمال القائم، فُتح لها الباب على مصراعيه عمليًّا أمام عينيها عندما عرض مستثمر خَيِّر أن يمنحها رأس المال الأوّليّ. كيف لها ألّا تجتاز هذا الباب؟ وما الذي كان بانتظارها على الجانب الآخر من الباب؟ نجاح غير متوقّع، نجاح راودها في أحلامها فقط. لقد حقّقت الحلم على أرض الواقع!

لا بدّ من أن تلاحظ مدى سرعتك وسرعتي وسرعتنا جميعًا في صنع الكابوس. إنّني أريدك أن تتدرّب على صناعة حلمك، لا صناعة كابوس عجيب لا يستند إلى شيء سوى أفكار وعادات ونماذج واهية!

لا تكن مثل رندا قبل أن تدفع نفسها دفعًا إلى اجتياز الباب المفتوح. عندما يُفتح الباب الأوّل، لا تغلقه. أبصر الباب المفتوح، وتعرّف عليه. جاءتك الفرصة السانحة كي تحيا في ظل رؤيتك وتعيشها. عليك أن تجتاز الباب بالتأكيد. وحينما تتّخذ الإجراءات اللازمة وتمضي قدمًا، اعلم أنّك مشارك فعّال في رحلتك. إنّك لا تجلس مسترخيًا ومُتراخيًا بانتظار أن يقدّم لك شيء ما أو شخص ما الإجابات، أو أن يحوّل الحلم إلى حقيقة لأجلك. أنت العدّاء الذي يركض في مضمارك، والسائق الذي يقود سيّارتك، والمسؤول عن تشغيل آلاتك التي هي حياتك ذاتها.

كلمة «كيف» الجميلة

كيف يمكنك تحقيق رؤيتك؟ كيف تتّخذ الإجراءات الضروريّة؟ وأيّ الإجراءات يتعيّن عليك اتّخاذها؟ لا بدّ من أن تفهم «الكيفيّة». إنّك بحاجة إلى أن تتعلّم كيفيّة تغيير أنماط التفكير القديمة كي يكون بوسعك ابتكار طرائق جديدة لتكون إيجابيًّا. عليك الرجوع إلى إجاباتك عن سؤال: «لِمَ لا؟». لِمَ لا تسافر إلى أوروبا؟ الجواب: لا أستطيع أن أتحمّل تكلفة السفر. اقلب وجه العملة -أستطيع أن أتحمّل تكلفة السفر- ثمّ باشر وضع الخطّة. عبّر واين داير عن هذه الفكرة التعبير الأمثل إذ قال: «يمكننا أن نتحمّل تكلفة كلّ ما نريد». لذلك، انظر إلى سلبيّة تحمّل التكلفة من منظور إيجابيّ ورديّ يوحي بأنّ الوفرة والقدرة يحكمان الكون كلّه.

«يريد الله لنا أن نعيش في وفرة ورخاء»، هكذا يقول والاس د. واتلز في كتابه «علم إصابة الثراء». وبالمناسبة، لا يساوي واتلز بين «الثروات» في كلامه والثروة بمعناها الماليّ، ولو أنّ الثروة المادّيّة جزء ممّا يقصد أيضًا.

الله لا يودّ أن نحرم أنفسنا، ولا يريد أن يعاقبنا، أو يحكم علينا، أو يلقي بنا في هوّة الفقر السحيقة، ويمنع عنّا الجَمَال والحبّ. قد يخيّل إلينا أنّ الحرمان يقدّم لنا حقائق كونيّة، بينما الوفرة والثروة في واقع الأمر تشكّلان خلفيّة لحياتنا. ما من شيء في العالم يشي بخلاف ذلك. ضع في اعتبارك أنّ كلّ ما يمكن أن نحتاج إليه موجود وسيظلّ موجودًا لأجلنا. كلّ ما في الأمر أنّ علينا اتّخاذ الإجراءات الضروريّة

للاستيعاب والثبات والإيمان. آمنوا بأنّ الله أراد لنا الرخاء. آمنوا بأنّنا نستحق الرخاء والوفرة. آمنوا بأنّنا سنتمتّع بالرخاء. بعد ذلك، بكلّ حبّ وامتنان، تقدّموا بالشكر.

يمكننا حشد الأفكار القديمة المتعلّقة بالحرمان والعجز والإحجام وتحويلها إلى قدرة واعتزام وانطلاق. يمكنك أن تتحمّل تكلفة أيّ شيء. يمكنك أن تُقْدِم على أيّ شيء. يمكنك أن تكون كلّ شيء. اطرح الرفض جانبًا حاضرًا ومستقبلًا، وحوِّله إلى قوّة إيجابيّة؛ سيتمّ الأمر. يمكنني إنجاز الأمر. أنا بخير. النجاح ملك لي. سأتعلّم الكيفيّة. ولن أسمح للخوف من المجهول والمستقبل الذي لم يأتِ بعد، وربّما لن يأتي أبدًا، أو الخوف من النتائج السلبيّة أو المُنفِّرَة أن تتحوّل إلى حقيقة في عالمي.

أواسي نفسي بالنحو الذي أنهض به من سقطاتي وأتابع مسيرتي. أطمئن نفسي بالحقيقة الخالصة لهذه اللحظة الراهنة التي أكون فيها بخير حال، وبوسعي التعاطي مع أيّ شيء يعترض طريقي. أتعلّم كيف أُبحر في رحلتي الحياتيّة بأسلوب حماسيّ وإيجابيّ ومُثمر. أعي تمامًا أنّني لست تحت رحمة تهديدات خفيّة غير ملموسة. لن يستنزفني ما لا وجود له، لأنّه لا يتجلّى إلّا عندما أتخيل الجوانب السلبيّة. عندما يُخيّل إليّ أنّني سأكون بخير وأمضي قدمًا، فإنّني أُقْدِم على الفعل دائمًا وأبدًا. عندما أتولّى مقاليد عقلي، فإنّني أوجِّه أفكاري نحو فهم عطايا العالم، ويصبح بوسعي أن أتلقّى تلك الهِبات وأستمتع بالحياة.

ينطبق هذا المبدأ أكثر من أيّ وقت مضى أثناء الفترات الأصعب. استوعبَ صاحب مطعم اعتاد أن يطحن حبوبه بنفسه قيمة التوصّل إلى «كيفيّة» إدارة أعماله بنجاح خلال الجائحة. فبينما اشتكى أقرانه من القيود المفروضة على الحركة، أو انتحبوا على حقوقهم المدنيّة التي انتُهكت وسُلبت منهم، أو أنحوا باللوم على الساسة بخصوص ما حاق بهم من ويلات، توصّلَ صاحب المطعم هذا إلى «كيفيّة» الحفاظ على عمله. تحرّى الإبداع وراح ينظر من حوله ليتعرّف على الموارد المتاحة له. لم يتورّط في أيّ هراء سلبيّ عن الفيروس. وإنّما حدّد ركيزته وتوصّل إلى الحلّ. وتلك هي القيمة الحاسمة للـ «كيف» في مقابل «التعثّر والعجز عن التصرّف».

قوّة الخطّة

الخطوة التالية تكمن في وضع الخطّة. ابحثْ فكرة «لِمَ لا؟» وتوصّل إلى «كيفيّة» و«طريقة» و«توقيت» إنجاز الأمر. عليك أن تكون جزءًا من الحلّ، لا من المشكلة ذاتها. كُفّ عن التركيز على المشكلة: «فقدت وظيفتي. أكره رئيسي في العمل. حياتي بائسة. لا يمكن أن آخذ إجازة. ربّما أصابني الفيروس أو ربّما أصيبُ الآخرون به. إلى أين سيؤدّي بك هذا التفكير؟».

لقد تعلّمنا بفكرة اجترار الماضي والغرق في المشكلات، إمّا بالتلقين الثقافيّ أو العائليّ، بدلًا من أن نتعلّق بالتوصّل إلى خطّة لتغيير تلك المشكلات أو حتّى نبذها ورفضها. هل لفت انتباهك

قبل الأشخاص الذين يتمرّغون في أوحال مشكلاتهم؟ إنّهم يهدمون المقترحات والحلول بقائمةٍ من الأعذار كي يتسنّى لهم التعثّر في مشكلاتهم. لقد تبنّوا موقف الذي يأسى على حاله، ويظنّ بعضهم أنّ ذاك الموقف سيمنحهم اهتمام الآخرين. هم يتصرّفون كالشهداء الذين ضربت متلازمة «وا أسفاه على حالي» بجذورها فيهم. وهم يضربون على وتر التعاطف طوال الوقت! ولا يكفّون عن استقطاب المزيد من المشكلات التي تُؤمِّن لهم المزيد من الاهتمام السلبيّ. يا لها من حلقة مفرغة!

عندما تتمرّغ في مشكلة ما، فإنّها تعرقل عمل عقلك. وتتمّ برمجتك بطريقة ما بينما يدور عقلك في حلقات مفرغة ويظل عالقًا في المشكلة التي بين يديك. لو كنت تعاني من اضطرابات النوم، فمن الأرجح أن يَعْلَق عقلك في حبائل مخاوفك وأسباب قلقك. فالصمت الذي يخيم عليك في منتصف الليل يمنح عقلك فرصة كبيرة لاجترار أسباب قلقك ومخاوفك كأنّها أسطوانة عالقة مُتكرّرة تدور دون نهاية.

عندما تغيّر نظرتك وتضع خطّتك وتنشغل بحلّ المشكلة، سيتوقّف تكرار الأسطوانة القديمة. عليك أن تركّز على «كيفيّة» حلّ المشكلة، وكيفيّة شَقّ طريقك عبرها وصولًا إلى الحلّ. كيف يمكنني العثور على وظيفة جديدة؟ ما نوع العمل الذي أريد أن أزاوله؟ كيف يمكنني إنهاء علاقة عقيمة؟ كيف أجعل حياتي أفضل من ذي قبل؟ كيف أؤسّس شركتي الخاصّة؟

كُن جزءًا من الحلّ... دومًا!

كُن جزءًا من الحلّ لا من المشكلة. إذا أطلت التفكير في المعتقدات السلبيّة، ولم تحرّك ساكنًا قطّ لتغيير موقفك، فاعلم أنّك جزء من المشكلة ذاتها. **عندما** تفكّر في أن تخطط للتغيير، وأن تتخذ خطوات إيجابيّة بحماسٍ نحو رؤيتك المنشودة، وأن تسعى من أجل تحقيق رؤيتك بإرادة حديديّة وشغف والتزام، وأن تؤمن بأنّ أمانيك ستتحقّق وأنّك ستعيش أحلامك على أرض الواقع، وأن تثابر على إنجاز الأشياء التي تدفعك لا نحو رؤيتك وحسب وإنّما إلى قلبها مباشرةً؛ **فتستيقظ** يومًا ما وستعلم أنّك بلغت غايتك. لا تقل «أنوي تأسيس شركة متخصّصة في التدريب» فحسب، وإنّما قُل للناس إنّك أخصّائيّ تنمية مهارات الحياة، وقريبًا ستكون لديك قاعدة كبيرة من العملاء. لا تَقُل إنّك تعتزم الحصول على وظيفة فحسب، بل اعثر على وظيفة بإنجاز ما يقتضيه الأمر للعثور عليها. لا تقل إنك تريد العثور على توأم روحك فقط، وإنّما جِد توأم روحك بالخروج من باب بيتك ومخالطة أُناس جُدد في الأماكن المناسبة. ولكن، قبل أن تتصرّف، عليك أن تعرف مرادك أوّلًا. ما طبيعة العمل الذي تستمتع به؟ وما الصفات التي تُحدّد معالم توأم روحك؟ تعرّفْ على مُرادك! وستعثر على بغيتك.

تبدأ خطّتك للتحلّي بالمرونة بغية تحقيق رؤيتك بخطوات عمل صغيرة. البداية تكون مع قائمة بما تقوم به بحماسٍ سعيًا لتحقيق رؤيتك. أقترح عليك أن تصنع قائمة من خمس خطوات ستخطوها نحو

تعدلقك كلّ يوم، لا عندما تكون الأمور مُيسّرة فقط، وإنّما (ولا سيّما) عندما يشقّ عليك الأمر. لديّ إجراءات محدّدة أحرص على تنفيذها عندما يبدأ شعور التشتّت أو الغضب أو الإحباط يتسلّل إليّ. عندما أشعر أنّ عقلي يجنح بي إلى عاداتي وأساليب تفكيري القديمة، فإنّ «لكيفيتي» الخاصّة بي تواصل المسيرة وتُملي عليّ ما يلي:

إذا اعترضت عقبة طريقي، فإنّني أتفادى أن تُحاصرني مشاعر الحزن والاكتئاب بتصفية ذهني التي تساعدني على تبديد مخاوفي. الطريقة المثلى لإنجاز ذلك هي **معايشة** المشاعر التي تعتريني أيًّا كانت (بدلًا من «كبتها»)، والتحاور معها وفحصها ثمّ المضيّ قدمًا.

أمارس التأمّل وأركّز على رؤيتي. وأرى ما أودّ تحقيقه. أتصوّر أهدافي وكأنّها تحقّقت بالفعل. لو بلغني نبأ لا يروق لي، فلا أحوِّله إلى علّة ومعلول. وبدلًا من أن أُسلّط المزيد من الأضواء السلبيّة على الخبر، أجتهد في تَقَبُّله وأفكّر في الحلول. إليكم الموقف: ما الذي يمكن أن أفعله حيال ذلك؟ كيف يتسنّى لي أن أجتاز ما يبدو أشبه بحاجز أو عقبة لا سبيل لتجاوزها أو المرور من فوقها أو تحتها أو من حولها؟

أُدرك أنّه ما من شيء يمثّل عقبة حقيقيّة، وإنّما محض إلهاء. عندما أفهم الموقف، فإنّه لا يشتّتني (أو يخيفني). إنّني أواجهه ببساطة؛ فأخرجه إلى النور وأنظر إلى حقيقته، ثمّ أهز كتفيّ وألقي به وراء ظهري. تمّت المهمّة! امضِ قدمًا. قد يستغرق الأمر وقتًا، وقد يتسبّب في شيء من الألم، لكنّني أَتعلّم وأكتسب المزيد من الخبرة في تلك الأثناء.

أصفّي ذهني وأدرس خطوتي التالية. كيف يمكنني التصرّف؟ وما الذي أستطيع أن أفعله لأجعل الموقف مختلفًا؟ لا شيء يردعني أو يشتّت انتباهي، على الأقلّ ليس لفترة طويلة. أجد طرائقَ للمضيّ قدمًا بذهنٍ صافٍ وعقل مُتّزن وجسد مُعافى.

وأخيرًا، أُطبّق الشعار الذي لا ينتهي «ستكون الأمور على خير ما يُرام!»، «الأمور على خير ما يُرام!» هل تدري؟ دائمًا ما تكون الأمور على ما يُرام! كُن على يقين بذلك في قرارة نفسك. لا شيء يدوم إلى الأبد.

إذا أحكمت سيطرتك على تفكيرك ومكّنت نفسك بأفعالك الإيجابيّة من التخلّص من التلوّث المحيط بك، فستحافظ على إيجابيّة ذهنك وأفكارك. ستثور على سلوكيّاتك الانهزاميّة وستُحْدِث تحوّلًا فيها. قد يبدو الأمر بالغ الصعوبة والمشقّة في البداية، والأرجح أنّك لن تُغيّر السلوكيّات كلّها مرّةً واحدة. الأمر يستغرق وقتًا ويتطلّب ممارسةً. عِش كلّ لحظة في حينها. قد تبدأ في مُعاينة رؤيتك الجديدة واستشعارها. وقريبًا، بينما تكتسب عاداتك الجديدة وتدمجها في منظومة قيم جديدة تمامًا (لا في ردّة فعل وحسب)، ستصير إنسانًا يفيض بهجةً وسعادة، وستنتقل إلى رؤيتك، وتستمتع بالمردود. لا شكّ في أنّك ستتمتّع بصحّة أفضل وسعادة أكبر! كيف يمكن لشخص يضفي عليه عالمه هذا القدر الكبير من النشاط والحيويّة ويمتلئ سعادة ويغمره امتنان لكلّ ما يملك ألّا يكون سعيدًا؟ ألا يبغي أن يعيش ويحبّ ويستمتع بالحياة؟

يمكنني أن أقول لك يا عزيزي القارئ بيقين تام إنّ إعادة برمجة عقلك بحيث ترى الجمال والوفرة والإمكانات المحتملة التي تحيط بك من كلّ اتجاه في كلّ يوم؛ ستُحْدِث تحوّلًا في وجودك المادّيّ. ستتعلّم، من دون تحفّظ ومن دون شكّ، قوّة المرونة. والواقع أنّك سترتقي ببساطة مستوى أعلى من العيش، حيث لن تجد الحاجة إلى المرونة درسًا مُستفادًا بعد، بل سيصير أسلوبَ وجود بالنسبة لك.

بعد ذلك، سأشاطرك طرائق تساعدك على إدراك معالم وتأكيدات تبيّن لك أنّك على الدرب السليم.

الفصل السابع

انتبه لأسلوب تفكيرك

«كلّما رأيتَ شخصًا ناجحًا، فإنّك لا ترى سوى الأمجاد العامّة، ولا تدري شيئًا عن التضحيات الخاصّة التي أَقْدَمَ عليها ليبلغ تلك الأمجاد». **فيبهاف شاه**

يكمن جزء كبير من تقييم رحلتك نحو النجاح، مهما وقع حولك في العالم الخارجيّ من أحداث، في الاستبطان أوّلًا. لديك أهداف يتعيّن عليك بلوغها، ورؤية ينبغي لك صنعها، وما من أحد سواك يستطيع إنجاز ذلك. إليك الكيفيّة:

كُن واقعيًّا وصادقًا مع نفسك واستنتج نقاط قوّتك ومَوَاطِن ضَعْفِك

استوعب ما يدفعك دفعًا إلى الأمام وما يعيقك عن تحقيق أهدافك. لا بدّ من أن تؤمن بقدرتك على السعي وراء أيّ رؤية نسجها خيالك، ثمّ بادر إلى اتّخاذ الإجراءات اللازمة. ولذلك فأنت بحاجة إلى إمعان النظر بوضوح في موقفك السابق والحاليّ ووجهتك المستقبليّة. تعلّم من أخطاء الماضي ونجاحاته، واستنتج موقفك

بالضبط من جميع جوانب حياتك، وخطِّط بقيّة رحلتك إلى الأمام، ولا تتقيّد بماضيك أو حاضرك، وتجرّأ على أن تحلم وتبني رؤيتك! يقتضي الجزء المتعلّق بالتماس مع الواقع تقييمًا صادقًا وواضحًا ومباشرًا للذات. عليك استدعاء تصوّرك لنفسك وفحصه وإحداث تحوّلٍ فيه وإعادته إلى مكانه السليم. يعني «وقت الإخبار بالحقيقة» الاستبطان وفحص السلوك السابق وتقييم المهارات ومواطن القوّة والمواهب والتوصّل بصدقٍ وإخلاص لكيفيّة إحداث تحوّل والمضيّ قُدمًا. لا يُسمح بكراهيّة الذات في هذه المرحلة. تقبّل مَوَاطِن قوّتك واجعلها أساسًا تبني عليه.

أريدك أن تفهم ما يأتي: ليس بوسعك المضيّ قُدمًا من دون تقييم صادق أمين. وإلّا سينتهي بك الأمر إلى تكرار الأنماط ذاتها والأخطاء عينها واستدعاء الأفكار نفسها التي عرقلتك. إنّ التقييم الصادق لذاتك، وأعني ذاتك الأصيلة، يتطلّب تقييمًا لجميع الأحداث التي وقعت. ما يعني أن تكفّ عن الكذب على نفسك. سأقول ما يأتي مرارًا وتكرارًا. أنا لست قاضيك ولا هيئة مُحلّفيك. لا أقصد أن ألطخ شخصيّتك وأشهّر بك. أنا هنا لأقدّم لك يد العون وحسب في هذه الرحلة الشخصيّة. ليس عليك «الاعتراف» بأيّ شيء لأيّ شخص آخر لتُجري هذا التغيير. اعترافك الوحيد لا بدّ من أن يكون لنفسك أنت. عليك أن تنظر إلى كلّ شيء يتعلّق «بِكَ» بموضوعيّة، ولكنّ الأهمّ من ذلك أن تنظر إليه نظرةً نزيهة وصادقة. قد تجد هذا التقييم الذاتيّ شاقًّا لأوّل وهلة، ولكن دع العمليّة تأخذ مجراها. لدينا

جميعًا معارك علينا أن نخوضها. لكن النبأ السارّ أنّها قلّما تكون شاقّة كما تبدو في الظاهر، وثمارها مذهلة!

الأفكار التي غرستها فينا عائلاتنا وأصدقاؤنا والمجتمع قد تُشوِّش تصوّرنا لأنفسنا أيضًا. رسالة عظيمة ومهمّة: لستَ مجموع تصوّرات الآخرين بشأنك. قد تجد صعوبة في التغلّب على هذه الآراء والأحكام الخارجيّة المُتراكبة التي غرسها فيك المُتطفّلون على حياتك غير المدعوّين إليها، ولكن بدءًا من اليوم، بل بدءًا من الآن، سيتغيّر كلّ شيء. ليس عليك أن تُعرِّف نفسك بأيّ معايير أخرى سوى معاييرك الشخصيّة. ضع تلك المعايير بحيث تتماشى مع أكثر مستوى حالم وبديع يمكن أن يدور في مخيّلتك. آن أوان التحوّل، ولكن لا تحاولنّ تجربة الأمر من دون تغيير الطريقة التي تنظر بها إلى نفسك، الأمر الذي يسوقنا إلى نقاش حول «حديث النفس»، أو ما أشير إليه بـ «الكلام الجارح»، وهي الأسطوانات السلبيّة التي تدور في رأسك.

الناجحون لا يحدّثون أنفسهم حديثًا سلبيّا.

هناك أمر واحد يمكنني أن أؤكّده لك، ألا وهو أنّ الرياضي الذي حصل على الميدالية الذهبيّة لم يُحَدِّث نفسه قائلًا «ليس بوسعي أن أنجح». أيمكنك أن تتخيّل رياضيًّا ينطق بشيء يفتقر إلى الإلهام إلى هذا الحدّ؟ الواقع أنّ الفائزين يميّزون أنفسهم عن الخاسرين بمواقفهم. فمن المستحيل أن يجلس «فائز» أو شخص ناجح قبل سباق بالغ الأهمّيّة ويُحَدِّث نفسه قائلًا: «لن أفوز أبدًا». فالفائزون أشبه بالمحرّك القديم

العظيم في قصص الأطفال الذي يُحدِّث نفسه قائلًا «أعتقد أنّني قادر على النجاح، أعتقد أنّني قادر على النجاح، أعتقد أنّني قادر على النجاح»، غير أنّه يعلم يقينًا أنّ باستطاعته النجاح. وهم لا يُحدّثون أنفسهم قائلين: «آهٍ اللعنة على حالة الركود هذه. آهٍ، اللعنة على ذاك الفيروس! الآن، لا شكّ في أنّني سأنضمّ إلى طابور العاطلين عن العمل. يا للعجب! لن يكون بوسعي المضيّ قُدمًا أبدًا. أنا فاشل. ولا بأس إن اعترفت بذلك! إنّني هالك لا محالة! وليس بوسعي السيطرة على الاقتصاد. ولا أستطيع السيطرة على رئيسي في العمل. ولا أقدر على التحكّم في الفيروس. وما من شيء أستطيع أن أفعله للخروج من قاع الركود الذي أعيش فيه هذا قدري في الحياة. هذا ليس عدلًا أبدًا!».

إذا كنت من بين هؤلاء الذين يُحَدِّثون أنفسهم بهذه الطريقة، فينبغي لك أن تصغي وترهف السمع. الفائزون لا وقت لديهم ليحدّثوا أنفسهم حديثًا سلبيًا. فهم مشغولون جدًّا بالتماس طريقهم للفوز! وهم يفكّرون بإيجابيّة ويتّخذون إجراءات فعّالة وفي رؤوسهم تدور رسالة «أعرف أنّ بوسعي القيام بالأمر». وهناك سبب بالغ الأهمية يعلّل ضرورة تغييرك «الكلام الجارح» السلبيّ، وذلك لأنّه مهما كان يشغل بالك، فسوف يأتيك لا محالة (كلّ دراسة من دراسات «قانون الجاذبيّة» تؤكّد ذلك). لو راودك كثير من الأفكار السلبيّة عن ذاتك، فستستقطب لمزيد والمزيد من الأفكار القديمة ذاتها. عليك أن تُنقِّب عن لُب «كلامك الجارح»، وتستأصله من وجودك. كُفَّ عن الحطّ من قدر ذاتك!

لعلّك تُحدِّث نفسك قائلًا: «مَن ذا الذي يهتمّ؟ ما من أحد يسمع حديث النفس إلّا أنا. فضلًا عن ذلك، مَن ذا الذي أخدعه؟ أنا إنسان فاشل. كلّ هذا الحديث التشجيعيّ التحفيزيّ هو محض هراء». فعلًا؟ لا تكن واثقًا بنفسك هكذا! فحديث النفس السلبيّ له قدرة مثيرة على التسلّل إلى جوهر روحك أو «الترسُّب» فيه. ولقد ذَكَرْنا بالفعل أنّ أفكارك تخونك. وهي تكذب عليك طوال الوقت! فعليك أن تتحاور وتتباحث معها. ولا تتقبّلها على عِلّتها. لا تنسَ أنّك تستقطب ما يدور بخلدك. سأكرّر ذلك على مسامعك من دون كلل. إذا كنت تظنّ أنّك قبيح، فالأرجح أنّك ترتدي ملابس رديئة وتتكلّم وتتصرّف بقبحٍ. وإذا كنت تعتقد أنّك جميل وفطن، فالأرجح أنّك ترتدي ملابس أنيقة وتتحدّث وتتصرّف بأناقة وفطنة. كفّ عن التحدّث إلى نفسك بسلبيّة! إذا خالجك شعور بالضياع التامّ، ولم تكن تعرف كيف تضع حدًّا لحديث النفس السلبيّ، فجرِّب الخطوات الثلاث التالية:

1: **ابدأ برصده.** راقب حديث النفس السلبيّ، وأصغِ إليه بعناية، واقبض عليه، ثمّ اطرحه جانبًا. هناك بينكم من يقولون: «لا توجد أصوات سلبيّة تدور في رأسي»، هنيئًا لكم! ولكن، رجاءً انتبهوا على أيّة حال.

2: **كُفّ عن مخاطبة نفسك بخطابٍ سلبيّ.** يمكنك أن تكبح جماح عقلك حرفيًّا. عندما تسمح لهذا «الصوت السلبيّ الخافت» أن يطنّ من دون كلل أو كابح في رأسك، يحدث ما يُسمى بـ«التسرُّب». تهيمن الأفكار السلبيّة عليك. إذا

سمعت من قبل عبارة «ستتحوّل إلى ما يدور بخلدك أكثر الوقت»، فلعلّك تعلم أنّ الأفكار السلبيّة لا نفع منها.

3- **حوِّل الجانب السلبيّ إلى إيجابيّ.** استبدل الإيجابيّ بالسلبيّ. أنا إنسان ذكي. أنا شخص وسيم. أنا إنسانة جميلة. أنا قوية. أنا ودودة وحنونة. أنا ________ (كلمة إيجابيّة). يُسمي بعض الناس هذه العبارات «تأكيدات». عليك أن تُكررها مرارًا وتكرارًا كي تحل محل الكلام السلبيّ. في البداية، قد يخالجك شعور بالسُّخف، ولكن عليك بالمثابرة حتى تبدأ في تصديق حقيقة نفسك بدلًا من الأكاذيب التي غرستها في عقلك مصادر خارجية كثير منها يتمثل في أشخاص حسني النية؛ تلك الأكاذيب الضاربة بجذورها الآن بعمق داخلك حتى أنها تبدو جزءًا منك. افعل ما يناسبك أيًا كان. يمكنك أن تبدأ بتوصيات مُستخلصة من هذا الكتاب وكتب أخرى، ولكن عليك في نهاية المطاف أن تُكيِّف كلّ شيء بحيث يناسبك، وأعني كلّ شيء «إيجابيّ».

إنّ سماعك حديث النفس السلبيّ **وإقرارك** به سيمثل تحديًا بالنسبة لك. قد تشعر بالانزعاج بالكامل وبشكل يُرثى له حتّى بينما تشق طريقك متوغّلًا في بئر السلبيّة بداخلك. اعلم وحسب أنّ تحقيق إنجازات عظيمة يتطلّب خطوات بسيطة. ابدأ وحسب. وخُض التجربة.

أعلم أنّ اتّخاذ إجراءات بسيطة بغية فتح بئر السلبيّة القميئة سيتسبّب لك في ألمٍ، بل في ألمٍ شديد في بعض الأحيان. لن تداعبك

مشاعر دافئة مألوفة. الواقع أنّك ربّما أردت أن تتراجع قبل أن تبدأ بالزحف. لذلك، سأساعدك على التخفيف من حدّة الألم. ابدأ بوعي بسيط بحقائق الأمور، و«أنصت» إلى الصوت الذي يطنّ بداخلك واستوعب ما يظلّ يمليه عليك. إذا شعرت بأنّك لا تستطيع التحكّم في ذاك الصوت، فلا تقاومه؛ توقّف لدقيقة وحسب و«تنفّس»، ثمّ تحاور مع الصوت، وعِش المشاعر التي تموج بك، ثمّ فكّر في أشياء إيجابيّة وتأمّلها. كرّر التأكيدات الإيجابيّة مرارًا وتكرارًا (انظر الخطوة رقم 3 أعلاه). في المرّة التالية التي تسمع فيها ذاك الصوت، قُل: «أجل، سمعتك. والآن، اغرب عنّي وحسب». بعد ذلك، استعض عن الكلمات السلبيّة بنقيضها التامّ. هذا تمرين بسيط ومباشر. قلت إنّه بسيط، لكنّه ليس بالتمرين السهل بالضرورة. ومن ثمّ، مارس وثابر على الممارسة حتّى تبلغ درجة الإتقان. بعد ذلك، مارس أكثر! ما من تغيير من التغييرات التي أتناولها بالنقاش يحدث من تلقاء ذاته، إنّما تتطلّب تلك التغييرات الكدّ والمثابرة.

ملاحظة: يمكنك استدراج نفسك إلى التفكير في أفكار سلبيّة أيضًا. لا تشعر بالذعر المبالغ فيه من فيروس كورونا أو أيّ فيروس سواه. فمن الممكن أن تستقطبه إليك مباشرةً (قانون الجاذبيّة). يقلّص التوتّر، أو القلق المبالغ فيه، استجابة جهازك المناعيّ. فالقلق بشأن ما قد يحدث لن يحول دون حدوثه؛ بل سيستنزف قوّتك ويحرمك من التمتّع باللحظة الراهنة.

تحلّل من تلك الأفكار الراسخة

قد تتسبّب الأفكار الراسخة في ضرر مستمرّ، لأنّ الشخص الذي تراوده تلك الأفكار ربّما اعتاد عليها تمامًا، وأمسى غافلًا عنها تمامًا، حتّى أنّه لا يدرك أنّها موجودة أصلًا. الواقع أنّ المرء يغفل عن الأفكار السلبيّة الراسخة لأنّها تمسي جزءًا لا يتجزّأ من حمضه النوويّ العائليّ، ولا أعني الحمض النوويّ الذي يُشكّل أجسادنا.

لغالبيّة العائلات عادات ونظم معتقدات مشتركة تتوارثها جيلًا بعد جيل. فكثير من الناس يُقْدِمون على أفعال بعينها ببساطة لأن «هذا هو المعروف هنا (في عائلتنا أو في مدينتنا أو في بلدنا...)» أو «لأنّ هذه هي الطريقة التي طالما أنجزنا بها الأشياء». عندما تفكّر في الأمر، هل لهذا «المنطق» معنى؟ إنّه ليس حتّى بـ«المنطق»، أليس كذلك؟ عندما تتحاور مع شخص ما أو شيء ما، فإنّك تستخدم واحدة من ملكاتك الفكريّة، عليك أن تحصل على جميع الحقائق!

ومن الممكن أن تستمرّ السلوكيّات والمعتقدات من دون شكّ أو نظر فيما إذا كانت تضرّ بالأشخاص المعنيين أو تثبط عزيمتهم وتحبطهم. لنضرب مثالًا صارخًا لجماعة سنُطلق عليها اسم «المفكّرون بمنطق نصف الكوب الفارغ». لبعض العائلات أمّ أو أب يفكّر بشكل سلبيّ. ينطق هؤلاء بأشياء سلبيّة ويتصرّفون بطرائق سلبيّة تُظهر سلبيّتهم أمام أطفالهم. فهم ينتقدون ويتذمّرون ويدينون شخصًا ما أو شيئًا ما دائمًا وأبدًا. سلوكهم السلبيّ هذا جزء من روتينهم اليوميّ الذي يشبه كثيرًا وعاءً مملوءًا بـ«كلمات التذمّر والتأوّه» على الإفطار.

عندما يقع خطب، يستغلّ السلبيّون الأمر ويقولون «طبيعي أن يُلمّ بي هذا الخطب. فالحياة شاقّة، وليس بوسعي أن ألتقط أنفاسي!» يعجزون عن رؤية الخير في غالبيّة المواقف، ويثبطون عزيمة أطفالهم بدلًا من أن يشجّعوهم ويقدّموا لهم الدعم. فيقولون لسالي إنّها بحاجة إلى تصفيفة شعر جديدة، وينتقدون ملابسها وتبرّجها ومظهرها الكليّ. ويزعمون أنّها غبيّة. يكاد الواحد منهم لا يرى خيرًا في العالم بأسره، ويمكن حتّى أن يتذمّر بشأن مدينة ملاهي «ديزني لاند» التي تُعدُّ المكان «الأسعد» على وجه البسيطة. يتعلّم الأطفال الذين يترعرعون في هذه البيئة أن يفعلوا الأمر عينه. فأطفالهم يَرِثون هذا السلوك السلبيّ ويطبّقونه في حياتهم، ثمّ يورثونه أطفالهم وأطفال أطفالهم. إلخ. ولكن، ليس كلّ فرد من أفراد العائلة يؤيّد السلوك السلبيّ. أولئك الذين لا يؤيّدونه عليهم التغلّب على المسارات الراسخة المحفورة في أذهانهم بِعُمقٍ. وعليهم أن يكونوا باحثين -عن وعي منهم- عن التغيّر والنموّ. لا بدّ من أن يصبحوا واعين بذاتهم ويتحمّلوا بالكامل مسؤوليّة حياتهم، لأنّه يصعب التغلّب على طريقة التفكير والوجود الراسخة بعمقٍ هذه ويصعب قهرها، غير أنّ ذلك ليس بالأمر المستحيل. الواقع أنّه فور أن يُحْكِم المرء سيطرته على حياته ويبدأ هذه العمليّة المذهلة، سيعثر على الحرّية... الحرّية التي لا تُقدَّر بثمن!

اسمحوا لي أن أضرب لكم مثالًا آخر. ثمّة قصّة شائعة يقصّها المستشارون عن اللحم ووعاء الطهو. يُحكى أنّ امرأة اعتادت أن

تُقطّع أطراف اللحم كي تجعله على شكل مُربّع. ما الذي يدعوك إلى التخلّص من لحم شهيّ لأجل الحصول على شريحة مربّعة الشكل؟ تبيّن أنّ أمّها قطّعت اللحم على هيئة مربّع، وجدّتها لأمّها فعلت الشيء نفسه. ما الذي دعا الجدّة إلى قطع اللحم على هيئة مربّع؟ في مطلع القرن، لم يكن لديهم وعاء طهو بحجم شريحة لحم كاملة، فاضطرّت الجدّة إلى تقطيع اللحم بهذا الشكل كي يناسب حجم قالب الطهو المربّع. منذ ذلك الوقت، وحتّى مع توافر مقالٍ ذات أحجام مختلفة، لم يتساءل أحد قطّ عن السبب. كان هذا ما فعلته وحسب عندما طهت اللحم. يا له من «تقليد عائليّ» غريب ومُهدر للوقت! لكنّه يُظهر لك كيف تكتسب العائلات، والمجتمع ككلّ، بمحض الصدفة أفكارًا راسخة حيال الأشياء، ثمّ تورثها إلى جيل تلو الآخر.

في مرحلة ما على طول الطريق، طوى النسيان تفصيلًا بالغ الأهمّيّة أو طالته الغفلة، غير أنّ الفكرة تبقى وتستمرّ -من دون سبب منطقيّ- حتّى يقرّر أحدهم أن يتساءل عن علّتها ويظلّ عاكفًا على سؤاله حتّى يصل إلى إجابة صحيحة.

ما أفكارك الراسخة؟ لديك أفكار راسخة لا محالة. فكلّنا لدينا تلك الأفكار! سواء كانت تلك الأفكار موروثة من سنين من التقاليد العائليّة أو مُكتسبة من مصدر آخر من دون شكّ -من جانبك- في صحّتها أو أثرها على حياتك وقدرتك على النجاح، فلا تقلق، أنت لست وحدك! فالأهمّ على الإطلاق، وأنت تنطلق في رحلة تحوُّلك، هو قدرتك على تحديد تلك الأفكار الراسخة.

تصبح الأفكار الراسخة لدى البعض في واقع الأمر إمّا منطقهم الأساسيّ الذي يستندون إليه للإحجام عن فعل شيء يعشقونه، وإمّا «أعذارهم» لتفادي مواقف بعينها ترهقهم وتُخرجهم من منطقتهم «الدافئة» الحاليّة.

هل لاحظت من قبل أنّ بعض العائلات تفرز روّاد أعمال أو معلّمين أو أطبّاء من دون انقطاع؟ فقد تبنّت عائلاتهم طريقة تفكير محدّدة حيال تلك المهنة، وصارت تُشجِّع مشاركة أفراد العائلة وانخراطهم فيها. زوج صديقة لي ينحدر من عائلة يملك جميع رجالاتها شركاتهم الخاصّة ويديرونها بأنفسهم. في تلك العائلة، نجد روح ريادة الأعمال نابضة بالحياة. وهم يتبنّون كلّ الأشياء التي قد تُصيب عائلة من الموظّفين بالذعر. المخاطرة بالنسبة لهم أمر حميد! الراتب الثابت فكرة دخيلة، والاستقلال أمر بالغ الأهمّيّة، والحرّية مسعى دائم لا يملّ الإنسان من نيله.

في الوقت ذاته، يتفادى بعض المنتسبين إلى عائلة الموظّفين كلّ تلك المعتقدات، ويتبنّون فكرة «الأمان» والرواتب الثابتة والترقّي في السُّلّم البيروقراطيّ كمقياس للنجاح. تزدري عائلة روّاد الأعمال قيود الوظيفة «الآمنة»، والعكس صحيح. ما الذي يجعل العائلتيْن مختلفتيْن كلّ هذا الاختلاف؟ لا شيء، سوى أنّ لديهما أفكارًا راسخة متباينة حيال الحياة المهنيّة.

كنت أعرف زميلًا لي يعمل لصالح الحكومة الفيدراليّة لأربعين سنة، ساعد ابنه في العثور على وظيفة هناك. كلّما طرح ابنه فكرة

تأسيس شركته الخاصّة، كان والده يشتّت انتباهه بالتركيز على أفكار أساسها الخوف تبنّاها هو صراحةً، كمدى خطورة تأسيس شركة، وما سيفعله الابن من دون مجموعة المزايا المُقدّمة له في عمله، إلخ. المُحزن أنّ الأب ظنّ أنّه يُسدي إلى ابنه معروفًا إذ طلب منه أن يكون «واقعيًّا» — ويعني **الواقعيّة** من وجهة نظره بالطبع.

لننظر الآن إلى مفكّرينا المبدعين في زمن الجائحة. إليكم دراسة حالة أخرى: قرّر أحد أصحاب الحانات أن يستخدم طاولات على هيئة إطارات سيّارات داخليّة لضمان التباعد الاجتماعيّ للزبائن مسافة ستة أقدام، مع السماح لهم بالمخالطة. نبعت هذه الفكرة الفريدة الطريفة من شخص اضطرّ إلى الخروج من قالب الأفكار الراسخة حيال طاولات لحانات، ويعثر على طرائق جديدة للاختلاط. كان يتمتّع بمهارةٍ وعزيمةِ طَرْح الأفكار القديمة جانبًا لصالح الأفكار الجديدة. لذلك، تصدّرت فكرة حانته عناوين الأخبار في وسائل الإعلام الكبرى، وضربت مثالًا رائعًا يحاكيه الآخرون. إنّ الشركات التي تخطو خارج قالب أفكارها القديم ستزدهر في خضمّ الوضع الطبيعيّ الجديد. أترون كيف تتمتّع الأفكار «السَّلِسَة» بقيمة أعظم؟

إذا كنت تعيسًا، فاعلم أنّ جزءًا من تعاستك وعجزك عن النجاح يشمل هذه الألوان من الأفكار والمعتقدات الراسخة. يراودك شعور أنّك محاصر بالكامل داخل منظومة معتقداتك. لا تعرف ما يعرقلك، ولا تدري كيف تعرف أو من أين تبدأ كي تتجاوز ما يعرقلك. فكيف ستتصرّف إذن؟ أفضل نصيحة لديّ هي: افتح قلبك لجميع

الاحتمالات. لو أمسيت أشبه بإنسان آليّ مؤسّسيّ ولم تُرِد شيئًا أكثر من القرار والعمل مُستقلًّا، فسل نفسك: «ما الذي يمنعني؟ ولماذا؟». ثمّ سلها: «ولِمَ لا؟».

لِمَ لا تؤسّسين شركتك الخاصّة؟

ولِمَ لا تتزوج شريكة حياتك التي تحلم بها؟

ولِمَ لا تنطلق في رحلة إلى إيطاليا؟

ولِمَ لا تؤلِّفين كتابًا؟

ولِمَ لا تُصير خطيبًا مفوّهًا؟

ولِمَ لا تجني دخلًا كبيرًا؟

ولِمَ لا تبدأ عملًا يتماشى مع الوضع الطبيعيّ الجديد؟

ولِمَ لا تستغلّ أموال المعونات لتكون بذرةً لتأسيس عمل جديد؟

والآن دورك. لِمَ لا ________ (املأ الفراغ). هل قلت «مستحيل؟». هل يستحيل أن يكون الأمر بهذه البساطة! بلى، يمكن أن يكون كذلك. فتلك الأفكار الراسخة تكمن وراء إجابات أسئلة «لِمَ لا؟».

إذا دوّنت بصدقٍ وصراحة إجابتك الفوريّة، فقد تُفاجأ بأنّها سلبيّة. إنّ «لِمَ لا؟» أداة قويّة ومُلهمة لتفكيك المعتقدات الراسخة بعمق التي تعرقلك وتمنعك من أن ترتقي لمستوى إمكاناتك الكاملة.

كلمة «كيف» الجميلة

نعلم أنّ الأفكار السلبيّة الراسخة تعيقك، والسلوكيّات الانهزاميّة وحوش ماكرة للغاية أيضًا. لا بدّ من أن تنتهي تلك السلوكيّات قبل أن يصبح بوسعك أن تسلك درب «الكيفيّة» الذي يسوقك إلى النجاح. إنّ السلوكيّات الانهزاميّة أسوأ العقبات على الإطلاق لأنّك غالبًا ما لا تتمكّن من رؤيتها بوضوح كما يجب.

السلوكيّات الانهزاميّة عادات راسخة بعمقٍ داخلك، حتّى أنّها تُمسي شبكات أمان ذهنيّة لدينا. لكنّ هذه العادات لا تنقذك، وإنّما تستعبدك! عليك أن تبذل قصارى جهدك. لعلّك كنت بحاجة إلى توجيه مهنيّ. ربّما لا تكفيك ببساطة مقولة «حوِّل الجانب السلبيّ إلى جانب إيجابيّ». إليك نصيحة سريعة: حاول أن تُحدِّث نفسك قائلًا «في مقدوري» بدلًا من «لست متأكّدًا» أو «ليس في استطاعتي».

أنت تعي أنّك عندما لا تمسك بزمام أمورك، وتتولّى مقادير حياتك ستصير «عبدًا» للعادة، ومتفرّجًا على حياتك وممثّلًا ثانويًّا في الفيلم الذي من المفترض أن تؤدّي فيه دور البطولة. يميل الناس إلى التخلّي عن قوّتهم الشخصيّة لصالح العادات التي تعيقهم وتعرقلهم. إذا كنت تُطالع هذا الكتاب الآن على أمل أن تحقّق النجاح، فاعلم أنّك خطَوت خطوة أولى قويّة على هذا الدرب، وأنّك تشعر بالاستعداد للمضيّ قدمًا والتحرّر والسعي وراء نجاحك. يخالجك شعور بأنّك متأهّب لمواجهة الحقائق التي تواجهك أيًّا كانت، وتُحدِث تغييرًا وتنمو وتتعرّف على جمال وفنّ «كيفيّة» أن تكون ناجحًا.

إنّك بصدد اتّخاذ خطوة للخروج من الحالة الآليّة للجموع، و لاضطلاع بأمور أكبر في الحياة. أعرف الشعور الذي ينتابك بينما تصبح مُستغرقًا في أفكارك المتعلّقة بـ«كيفيّة» المضيّ قُدمًا عندما تشعر بأنّك محاصر. إنّه لأمر مثير للذعر ألّا تكون لديك أدنى فكرة عن المآل الذي ستؤول إليه قصّتك. إنّني أعدك بأنّ صدق شعورك بالتأهّب للمضي قدمًا وحده -بل أضمن لك ذلك- يعني أنّك تواجه إدراكك بأنّك أمسيت، مثلي تمامًا، جاهزًا لتصير بطلك الخاصّ.

إنّ اتّباع الخطوات التالية وتعلُّم كيفيّة تغيير الأنماط السلوكيّة وطرائق التفكير القديمة يقتضي الرجوع إلى إجاباتك عن السؤال المهمّ «لمَ لا؟». لِمَ لا تسافر إلى أوروبا؟ الجواب: لا أستطيع أن أتحمّل تكلفة السفر. اقلب الوجه الآخر للعُملة. كما ذكرت آنفًا، عبّر واين داير عن هذه الفكرة التعبير الأمثل إذ قال: «يمكننا أن نتحمّل تكلفة كلّ ما نريد». بالمناسبة، كان تصريحه هذا يثير حفيظتي. فقد كنت أحدِّث نفسي بأنّه من السهل «بالنسبة لكم **أيّها** الأثرياء» أن تخرجوا علينا بمثل هذه التصريحات المُتعالية. ما الذي تعرفه عن تحمّل تكلفة الأشياء؟ فبوسعك الحصول على كلّ ما تريد، وفي أيّ وقت تريده. كيف تجرؤ على الحُكم عليّ وتزعم أنّ بوسعي تحمّل تكلفة أيّ شيء أريده وكأنّني إنسانة مُبذِّرة وحمقاء لا تستطيع إدارة شؤونها الماليّة؟ هل ترى النفاق في هذا التصريح؟ أعني نفاقي أنا. فأنا أحكم عليهم بينما أتّهمهم بإصدار الأحكام عليّ. ولذلك، سايروني وابقوا منفتحين. صدّقوني، هذه العمليّة ستُجدي نفعًا!

نظر إلى سلبيّة «لا أستطيع أن أتحمّل التكلفة» عبر منظار إيجابيّ يوحي بالوفرة والإمكانات. يمكنك أن تتعاطى مع الأفكار القديمة المتعلّقة بالحرمان («لا يمكن» أو «لن يكون في المستطاع») وتحويلها إلى إمكانات. تعامل مع كلمة «لا أستطيع» وحوِّلها إلى «أستطيع». يمكنك أن تتحمّل تكلفة أيّ شيء، ويمكنك أن تُقْدِم على أيّ شيء. يمكنك أن تكون أيّ شيء تريده. اربط أفكارك بفكرة أنّه مهما حدث، فأنت بخير. وتحلّل من الخوف من المجهول، وأعني الخوف ممّا لم يقع بعد وربما لن يقع أبدًا. دع مخاوفك كلّها تتبدّد متيقنًا من أنّك بخير.

إنّني أواسي نفسي بحقيقة اللحظة الراهنة التي أنا فيها بخير حال. أخوض رحلة حياتي بأسلوب حماسيّ إيجابيّ ومُثمر. أعي أنّني لست تحت رحمة الظروف، وأنّ لي رأيًا في الكيفيّة التي أستجيب بها لأيّ ظروف. إنّ الظروف تصبّ في صالحك، ولكن عليك أن تتصرّف بحكمةٍ ومسؤوليّة بطبيعة الحال.

لن تستنزفني السلبيّة لأنّني عندما أتخيّلها ستتجلّى لي لا محالة. إنّني أعيش حالة من الامتنان قدر الإمكان، متيقنةً من أنّني بخير وأنّني سأبقى بخير. ولا أنفكّ أمضي قدمًا، حتّى لو كان جلّ ما بوسعي أن أفعله هو التعثّر إذ أمضي قدمًا، موقنةً بأنّني سأنهض وأواصل مسيرتي.

الفصل الثامن

ما الوضع الطبيعيّ الجديد؟

«إن ما نَصِفه بالطبيعي في علم النفس هو في حقيقة الأمر الباثولوجيا النفسيّة للأمور العاديّة غير المثيرة والمنتشرة للغاية لدرجة أنّنا عادةً لا نلاحظها حتّى». **أبراهام ماسلو**

يا للروعة! إذا فتحت النشرة الإخباريّة أو طالعت الصحف، فستجد عبارة «الوضع الطبيعيّ الجديد» تنهال عليك من كلّ حدبٍ وصوب. رغم أنّ النقّاد يلوكون هذه العبارة بوصفها شعارَ العقد الراهن، فهل يعرفون حتّى ما يقولون؟ هل يعرف أحد فعلًا معنى هذه العبارة في عام 2020 وما بعده؟ عندما تفكّر في الأمر، ستتساءل «ألسنا دائمًا وأبدًا في وضع طبيعيّ جديد؟».

في الماضي، أثناء الكساد الكبير، لاقت تلك العبارة رواجًا أيضًا. يشرح قاموس «أكسفورد» هذه العبارة على النحو التالي: «موقف لم يكن مألوفًا أو نمطيًّا في السابق أمسى قياسيًّا أو اعتياديًّا أو متوقّعًا».

رغم أنّ حالات الكساد السابقة نبعت من إخفاقات ماليّة نوعًا ما، لا يشبه الكساد الناجم عن فيروس كورونا المُستجدّ أيّ شيء شهدناه في التاريخ الحديث. فهو لم ينبع من سوء إدارة الأموال أو القروض.

وإنّما نشأ من عدم التأهّب لحالات الطوارئ بغية التعامل مع الجائحة. فقد تنبّأ كثير من المسؤولين وعلماء الفيروسات وخبراء العلوم فعليًا بهذه الجائحة منذ عدّة سنوات. مع ذلك، لم نكن مُستعدّين بعد. إنّ العوامل التي أدّت إلى إغلاق المؤسّسات غير المحوريّة نبعت من تصوّر المعرفة بهذا الفيروس. إنّنا لم نتّخذ الاحتياطات الواجبة في مرحلة مبكرة بما فيه الكفاية. ما زاد الطين بلّة أنّنا لم نمتلك معدّات وقاية شخصيّة ومجموعات أدوات اختبار ومعدّات طبّيّة وأسرّة مستشفيات كافية لعلاج المرضى، إلخ.

لقد باغتنا ركودنا المفاجئ وهذا الوضع الطبيعيّ الجديد كقطار شحن فائق السرعة. لم يكن لدينا وقت للتكيّف والتفكير، ولم يكن لدينا وقت لنفعل شيئًا، وإنّما شلّتنا الصدمة، فلم نُحرِّك ساكنًا. ثمّ اضطررنا إلى مشاهدة هذا العالم الجديد وهو ينبثق من حولنا؛ ذاك العالم الذي إمّا جمع الناس فيه شتات أنفسهم، كما سبق وناقشنا، وإما غرقوا في مشاكلهم الماليّة والشخصيّة غير المتوقّعة.

ما هذا الوضع الطبيعيّ الجديد؟ كلّ ما على المرء فعله هو أن يتطلّع حوله. لا تبدو الأمور كما بدت منذ بضعة أشهر. فقد انقلبت حياة كثيرين رأسًا على عقب، سواء كانوا أُناسًا لم يعملوا قطّ من البيت، واضطرّوا إلى تأسيس

مكاتب منزليّة والعمل منها، أو أناسًا يخرجون للعمل ويكافحون من أجل تغطية نفقاتهم، أو أناسًا خاطروا فعليًّا بصحّتهم ليكونوا ضمن الصفوف الأولى للصناعات الخدميّة الأساسيّة.

لقد أحدثت تبعات فيروس كورونا المُستجدّ تحوّلًا في كلّ جانب من جوانب مجتمعنا: العولمة والتجارة (على سبيل المثال، التعامل مع المواد وسلاسل الإمداد)، والتكنولوجيا والابتكار (على سبيل المثال، التحوّلات باتّجاه المناطق «الخالية من الفيروس»)، والآثار الاجتماعيّة والتعديلات السلوكيّة (على سبيل المثال، اللقاءات والتجمّعات). لن تبدو وظائف الأمس كوظائف الغد. لقد تبدّل النحو الذي نحيا به حياتنا وتغيّر محل عملنا وكيفيّة إنجازنا له والنحو الذي نتصرّف به مع الأصدقاء والعائلة والزملاء. الأصدقاء هم التعريف الحقيقيّ للوضع الطبيعيّ الجديد. فحتّى الآن، حلّت إيماءات العناق أو الانحناءات «الافتراضيّة» محلّ المصافحة والمعانقة.

لماذا تنتعش أوضاع البعض في الوضع الطبيعيّ الجديد؟

بالنسبة للذين يعيشون وفقًا للمبادئ التي رسمنا خطوطها العريضة في هذا الكتاب، لن تكون تداعيات أيّ ركود، سواء ترتّبت على فيروس أم لا، شيئًا يُذكر في حياتهم. فهم يتحلّون بالمرونة. ويعلمون تمام العلم أنّ أيّام الحلول السريعة قد ولّت. إذا فقدت وظيفتك، فابحث عن أخرى. أتفكّر في تغيير مسارك المهنيّ؟ لا بأس بذلك، فهناك العديد من الفرص السانحة التي يمكنك أن تختار من بينها. لقد طوى النسيان تلك الحلول السريعة. ففي الوضع الطبيعيّ الجديد، لن يتحقّق لك العثور على وظيفة جديدة، لأنّ وظيفتك القديمة تبخّرت بين ليلة وضحاها بعد الإغلاق الاقتصاديّ الكامل،

في وقت إمّا تعطّلت فيه الصناعة التي تمتهنها بالكامل وإمّا أفلست. لم تعد الأمور تسير بهذه الطريقة.

في عالم اليوم الاقتصاديّ الحافل بالتغييرات المُؤرِّقة، يواجه المرء العراقيل التي يضعها أمام نفسه فقط. يستمرّ هذا التداعي الاقتصاديّ في تعزيز المبادئ التي تبنّاها أبناء الجيل «إكس» (مواليد ما بين أوائل الستينيّات وأوائل الثمانينيّات) وجيل الطفرة خلال الركود الأخير، ألا وهي: الاستبطان وتعديل الموقف والاجتهاد من أجل تحقيق الأحلام، لا الأهداف الماليّة. يُعدُّ جيل الألفيّة من الأجيال المثيرة للاهتمام، إذ يتبنّى بالفعل فكرة البحث عن الشغف، مُقترنًا بالسعي وراء ممارسات لتحقيق مصلحة أكبر للمجتمع.

لدى قادة جيل الألفيّة تعاطف أكثر واهتمام أكبر بالقضايا الاجتماعيّة، كالاستدامة في الأعمال، وسيسعون بحماسٍ إلى التعاطي مع الآثار الصحّيّة داخل إطار نماذج أعمالهم أيضًا.

لننسحب من المشهد للحظة كي نعينك يا عزيزي القارئ على فهم ما نقول. فأثناء الركود الاقتصاديّ الكبير ومشاقّه الاقتصاديّة التي بتُلي بها كثير من الأميركيين (والعالم أجمع)، واجه بعض الذين يتحلّون بالمرونة مخاوفهم، وتركوا وظائفهم التقليديّة بغية تأسيس شركاتهم الخاصّة. خلال هذه الفترات الاقتصاديّة العصيبة الحاليّة، يبادر كثيرون بإبداعهم وعبقريّتهم إلى إصلاح ممارسات أعمالهم بدلًا من رفع الراية البيضاء والاستسلام. هؤلاء ناجون يتقبّلون أنّ الأوقات العصيبة لن تدوم إلى الأبد. ومن ثمّ، مهما بدا الموقف متعبًا،

فلن يستسلموا أو يتخلّوا عن أحلامهم. إنّهم يعتبرون الوضع الطبيعيّ الجديد فرصةً جديدة. عندما ننظر إلى العالم من منظور إيجابيّ، يمكننا دومًا أن نرى نصف الكوب المملوء. أما الذين ينصبّ تركيزهم فقط على الظروف السيّئة المحيطة بهم في هذه الفترة الانتقالية في التاريخ، وينتظرون ويعقدون الآمال على حدوث تحوُّلٍ سحريّ -كاختراع لقاح مثلًا- ويتوقّعون أن تعود الحياة إلى «الوضع الطبيعيّ القديم» قبل أن يُقدموا على أيّ إجراء، فلن يصلوا إلى وجهتهم في رحلتهم الحياتيّة.

حتّى قبل أن تضرب الجائحة العالم كمطرقةٍ ثقيلة هشّمته حتّى القاع، كانت هناك شريحة من المجتمع دائمًا ما تظهر لتحتلّ مراتب القادة والمخترعين والعباقرة المبدعين وتنطلق إلى الأمام في قلب العاصفة. سيعيش هؤلاء حياتهم بثقة هادئة مُطمئنّة مهما وقع حولهم من أحداث. إذا طبّقتَ المبادئ الواردة في هذا الكتاب، فستكون قادرًا على اتّخاذ قراراتك بناءً على المنطق والحقائق، لا الذعر والفوضى، حتّى وإن تحوّل حدث ما إلى مشكلة أكبر بكثير ممّا توقّعها أحد، فأنا لا أحاول أن أقلّل من شأن الآثار العالميّة والاقتصاديّة للجائحة وجسامة الحزن والصعوبات التي أسفرت عنها لملايين البشر. إنّني أطلب منك فقط تغيير طريقة تفكيرك والبحث دومًا عن الجانب المُشرق والضوء في نهاية النفق المُظلم، مهما بدا بعيدًا أو ضئيلًا من حيث تقف في مفترق طرق حياتك الآن.

في الفصول التالية، سأشاطرك يا عزيزي القارئ دراسات حالة لروّاد ورجال أعمال ممّن حوّلوا بوصلتهم إلى عصر جديد لمزاولة

الأعمال. كثير من هؤلاء شقّوا لأنفسهم حياةً بالفعل بدافعٍ من شغفهم، ولم يتطلب الأمر ركودًا أو جائحة لتحديد قراراتهم في المقام الأوّل. هؤلاء هم الذين نصفهم بـ«الجيل المَرِن»، هؤلاء هم الذين يملكون المعرفة والثبات الداخليّيْن، فلا يتخلّون أبدًا عن أحلام حياتهم.

يلاحق بعض الناس حاليًّا أحلامهم لأنّ جائحة فيروس كورونا المستجد إمّا أغلقت شركاتهم وإمّا سلبتهم وظائفهم. هذا الوقت هو الأوان الذي يجب أن تطرح فيه على نفسك السؤال التالي: «ما الذي أريد أن أفعله بحياتي؟». لديك فرصة نادرة كي تنحي الضوضاء جانبًا، وتتحلّى بالجسارة والشجاعة، وتُعْمِل العقل في الشكل الذي تودّ أن يبدو عليه وضعك الطبيعيّ الجديد.

الجيل «المرن»

كثير من الناس قرّروا ألّا يلحقوا بالقطار القديم، سواء اضطرّوا اضطرارًا إلى التغيير أو بادروا إليه طواعيةً، كي يتسنّى لهم السعي وراء مسارهم المهنيّ أو عملهم الذي يداعب أحلامهم. هؤلاء يشكّلون واقعًا اقتصاديًّا جديدًا في هذه الأوقات العصيبة، واقعًا يكاد لا يمتّ بِصلةٍ للنزعة المادّيّة، رغم أنّ الثروات المادّية ناتج ثانويّ للتغيير.

لقد أمست الجائحة ناقوسَ خطر صادمًا. فمن الممكن أن تخسر كل شيء حرفيًّا في يوم واحد! إنّ هذه لحظة حرجة في التاريخ، وأنت جزء منها، ومن ثمّ استغلّ هذه الفرصة النادرة الاستغلال الأمثل.

خلال هذه الأوقات العصيبة، نشأ جيل جديد سنُطلق عليه اسم الجيل «المرن». والجيل المرن مجموعة فريدة من الناس الذين شعروا أنّ حياتهم المدفوعة بالمادّة تعطّلت، فلم يعد يخالجهم شعور بالسعادة. نظروا إلى حساباتهم المصرفيّة، ثمّ نظروا إلى حياتهم مجدّدًا، فرأوا ولمسوا فجوة ضخمة. شعروا بحالة من القنوط واللامبالاة. فالحساب المصرفيّ الكبير لم يَعُد حقًّا يعني شيئًا بعدُ. الأمر يبدو أشبه بمقولة شخصيّة «ليستات» في فيلم «مقابلة مع مصّاص دماء»، «لم يَعُد للحياة معنى بعد، أليس كذلك؟ العصير لا طعم له، والطعام يثير غثياني، ويبدو أنّه لا سبب يعلّل كلّ ذلك».

تعكس هذه المشاعر تحرُّر جيل المرنين من القيود، إذ أدرك السواد الأعظم منهم الحاجة إلى التغيير. لقد تبنّوا فكرة أنّ القيم الشخصيّة وجودة الحياة أهم بكثير من النجاح الماديّ أو الأمان الوظيفيّ. لا يساور القلقُ الجيلَ المرن بشأن مسايرة الأثرياء ومواكبتهم. فما يقيمون له وزنًا أكثر من العيش في قصر رحب وامتلاك سيّارة مرسيدس فارهة في مدخل السيّارات هو الحرّية الحقيقيّة؛ وأعني حرّية السعي وراء أحلامهم والسفر وتمضية وقت الفراغ مع العائلة والقدرة على عيش حياة لا تُثقلها الضغوط الاجتماعيّة. وهم يميلون إلى الرغبة في السيطرة على النحو الذي يعملون به وعلى توقيت عملهم في مقابل القدرة على العمل فحسب. ولا تنسوا أنّ أبناء الجيل المرن يعملون بكدٍ كغيرهم من الناس، أو حتّى بهمّةٍ أكثر. لذلك، فإنّ خيار نمط الحياة هذا -والأمر يتعلّق بالاختيار بالتأكيد- لا يرتبط إلّا قليلًا بقصور الرغبة في العمل.

يسعى أبناء الجيل المرن إلى مسارات تمكّنهم من أن ينعموا بجودة حياة أفضل. وهم مدفوعون بما يشعرون تجاهه بالشغف، ويحتاجون إلى أن يكون لديهم إحساس بالغاية والهدف. الأهمّ ممّا سبق كلّه أنّهم ملتزمون تجاه ذاك الشغف وتلك الغاية، وما من شيء يعترض طريق مسعاهم. وهم لا يسمحون للعالم الخارجيّ بأن يحدّد لهم ما يستطيعون وما لا يستطيعون إنجازه، ما دامت الرغبة في السعي لإشباع شغفهم في مرمى بصرهم. إنّهم يختارون قوّة الإيجابيّة -وهو ما وصفناه في الفصليْن السابقيْن- ليسترشدوا بها في طريقهم، ويعترضون طريق أيّ أفكار سلبيّة عمومًا من شأنها تلويث معتقداتهم. يتبنّى أبناء الجيل المرن هذه المبادئ، ويواصلون تعلّمها وتطبيقها في جميع مناحي حياتهم. الأهمّ من كلّ شيء أنّ التزامهم الأكبر يكون تجاه قيمهم.

لطالما آمن أبناء الجيل المرن بعد مشقّة وعناء أنّهم لا يريدون أن تسلبهم حياتَهم كلّها وظيفةٌ مُتطلّبة أو مسار مهنيّ مؤسّسيّ يقصيهم عن عائلاتهم ويزجّ بهم في الطرقات لأسابيع لا تنتهي. وهم يرون ما يتجاوز فقدانهم وظائفهم عندما تفشّى فيروس كورونا المُستجدّ، وظائفهم التي ربّما لم تكن لديهم رغبة فيها أو لم يستمتعوا بها قطّ أصلًا. لذلك، فهم يواصلون مسيرتهم ويمضون قدمًا على أيّ حال. إنهم يُقدِّرون قدرتهم على أن يكونوا آباء حاضرين ونشطين، أو قدرتهم على مدّ يد العون لآبائهم أو إخوانهم أو أصدقائهم. لقد كانوا على استعداد للتخلّي عن وظائف في الصفوف الأماميّة للأعمال

الجوهريّة خلال الجائحة لحماية والد مُسنّ يعيش معهم. وهم لا يكترثون لنمط حياة مبتور، ربما أمّن لهم رواتب مُجزية أو حقّق لهم أرباحًا طائلة، لكنّه يدمّر حياتهم العائليّة وسعادتهم ورفاهتهم.

إنّ أبناء الجيل المرن يضعون حياتهم الشخصيّة أوّلًا وقبل كلّ شيء. إنّه لمن المهمّ لكم يا من تشعرون بالقلق الذي وصفناه -وأعني الرغبة في نيل الحريّة والاستقلال- أن تعرفوا أنّكم لستم وحدكم. ينبغي أن تعرفوا أيضًا أنّكم وآلاف غيركم ممّن يعتقدون معتقدكم ستغيّرون مشهد عالمِنا الشخصيّ والمهنيّ. يمكننا أن نرى بالفعل الأثر الكبير لنمط الحياة المُستند إلى القيم على مجتمعنا.

الأمر لا يقتضي إجراء دراسة تقُدِّم لنا تفسيرًا للعلّة. لقد اكتشف آلاف الرجال والنساء أنّ لديهم الشغف والقوّة والمهارة والعزم على أن يعيشوا أحلامهم. كثير من هؤلاء الرجال والنساء هم أيضًا آباء يريدون أن يروا الخطوات الأولى لأطفالهم الذين هم في مرحلة الحبو. وهم يريدون المكوث في البيت كي يتسنّى لهم إقلال أطفالهم من المدرسة. ويودّون أن يأخذوا قسطًا من الراحة في منتصف اليوم لحضور مباريات البيسبول وكرة القدم. في الوقت ذاته، هم لا يريدون التخلّي عن أحلامهم ومشوارهم المهنيّ. ما من مشكلات اقتصاديّة ستعطّلهم وتعرقلهم. إنّهم الأرواح الخلّاقة المبدعة الصلبة التي صمدت أثناء أسوأ الأزمات العالميّة لهذا القرن. لقد اضطلعوا بشؤونهم بأنفسهم، وطمأنوا عملاءهم بمواصلة المسيرة، وجعلوا ركيزة أعمالهم الصحّة والسلامة، وما من أحد أملى عليهم ذلك، إنّما أصقلتهم التجربة.

يُشكِّل الرجال والنساء الناجحون والمستقلون العالم الاقتصادي الجديد الذي نعيش في كنفه. إنّهم موجودون. يشقّون طريقهم الخاص، ويقيمون وزنًا للأشياء على نحو مختلف عن العُمال الذين سبقوهم. وهم يريدون ما يتجاوز السيّارة والبيت والقارب وغير ذلك من الأشياء العبثيّة. إنّهم يلاحقون أحلامهم المستندة إلى القيم، ويتبنّون وجهة نظر مختلفة كلّيًا عن طريقة معيشتهم ووجودهم المنشودة. كثيرًا ما تكون دوافعهم روحانيّة للغاية. فهم يهتمّون بالسعادة وعيش حياة شخصيّة مُشبعة ومُرضية. إذا كنت تُطالع هذا الكتاب، وتتّصف بتلك السمات، فاعلم أنّك جزء من الجيل المرن. إذا كنت تزاول الأعمال أثناء مطالعتك هذا الكتاب، فينبغي لك أن تكون على دراية بأنّ هذا هو الجيل التالي، وأن تدرك كيف يفكّر هذا الجيل وكيف يتصرّف.

ها أنت ذا قد بلغت هذا القسم من الكتاب، ودرست نصائحي، وربّما حتّى عملت بها. وربّما بدأت تشعر بقدر أكبر من الثقة والطمأنينة بعد أن أدخلت تعديلات وأجريت تحوّلات في نظرتك للحياة. لعلّك تفكّر بشكلٍ إيجابيّ، وتراقب حديث النفس السلبيّ، وتتأمّل أشياء جميلة، وتغيِّر تلك المقاطع الموسيقيّة القديمة، وتتفادى الأعذار التي تُبقيك مُحاصرًا، وتجني الثمار الناتجة عن فهم قانون الجاذبيّة وتطبيقه على أرض الواقع. لقد غيّرت أسلوب تفكيرك، وصنعت رؤية مذهلة تُحفّزك وتُلائمك، واتّخذت إجراءات للنهوض من كبْوتِك والمضيّ قُدمًا في حياتك. بين يديك الآن مبادئ المرونة أشبه ببيان خاصّ بك

لتعيش حياة أفضل. لقد عثرت على هويّتك التي تريد أن تكونها في هذا العالم وانطلقت نحوها، فغمرك شعور بالسعادة.

تشعر الآن وكأنّك نجم من نجوم الروك، وتتألّق في وهج ثقتك بذاتك ومرونتك اللتين عثرت عليهما حديثًا، ثمّ بدأ يتسلّل إليك شعور قديم مألوف يقضّ مضجعك. شعور كئيب لا يمكنك التخلّص منه. ستبدأ في التشكيك في ذاتك وسؤالها: «الآن، بعد أن أصبح لديّ رؤية جديدة وخطّة، كيف أواصل مسعاي بحيث لا أحيد عن مساري؟ وكيف أعرف يقينًا أنّني أمشي في مساري السليم أصلًا؟». تغرس أسئلة كهذه بذور الشكّ داخلك. قد تشرع في التردّد، وربّما يزحف الخوف إليك، ويبدأ في التراكم داخل عقلك. لماذا تشعر بالخوف والتوتّر عندما يبدو لك أنّ الأمور تتحرّك في الاتّجاه السليم بسلاسة؟

الفصل التاسع

10 أدوات في صندوق أدوات المرونة

«إنّ الذين يمضون قُدُمًا في هذا العالم هم الذين ينهضون ويبحثون عن الظروف التي ينشدونها، وإذا لم يعثروا عليها صنعوها».

جورج برنارد شو

يُخْرِج التغيير السواد الأعظم من الناس من قواقعهم. فهم ليسوا معتادين على عيش حياة تزداد فيها الأفراح وتتحوّل فيها الأتراح إلى لحظات عابرة لا تُذكر. بعض الناس، خاصّةً مدمني الدراما، قد يخامرهم شعور بخلل ما بينما يسيرون في هذا الدرب الجديد، ويشرعون في انتظار حدث كبير، كوالد ينتظر مولوده، لا يبدو أنّه سيحدث أبدًا. وبدلًا من الاستمتاع بالحركة الثابتة إلى الأمام، يتردّد هؤلاء وهم ينتظرون أن تضربهم الكارثة التالية. أو الأدهى من ذلك حتّى أنّهم يبحثون بحماسٍ عن «مروّج لمخدّرٍ عاطفيّ» يساعدهم على خلق توْقِف مُتفجِّر يضمن لهم العودة بسرعة الصاروخ إلى «قوقعتهم» البائسة.

إليك يا عزيزي القارئ عشر أدوات تساعدك على ألّا تحيد عن مسارك مهما حدث:

الأداة الأولى- استخدم مقياسًا لنفسك

إليك شيئًا لا بدّ من أن تعرفه فورًا: ستصير نظرتك الجديدة كلّ يوم طريقة حياة و«وضعك الطبيعيّ الجديد». وضعك الطبيعيّ الجديد بحاجة إلى قياس وتقييم مستمرّيْن، والأهمّ من ذلك الحفاظ على التفكير السليم. إذا كنت تعتقد أنّ الأمر يبدو بسيطًا، فأنت على حقّ. ولكن لا تنخدعنّ وتظنّن أنّه أمر سهل. قد تجد نفسك مُنساقًا من دون إرادة في أيّ لحظة، ومن تكفّ عن مراقبة رؤيتك وإبقائها نصب عينيك. قد ترضخ للخوف والقلق من دون حتّى أن تدرك ذلك، وقد يشعل فتيل انتكاستك شيئًا ما، وربّما مررت بيوم عسير لا أكثر. هذا أمر شائع، ولا بأس به. كلّ ما عليك هو أن تتمهّل للحظة وأن تفكّر في الإنجازات التي حقّقتها وتحتفي بها مهما كانت صغيرة. اعترف بالزخم الذي خلقتَه وامضِ قدمًا نحو أهدافك. من الممكن أن تُصاب بالتوتّر وأن تشعر بالقلق، غير أنّ مفتاح مواصلة رحلتك يقتضي منك التراجع والتقييم والإقرار بأنّك على المسار الصحيح. إذا استوعبت العمليّة ببساطة، فسيجتاز بك هذا الفهم الأوقات العصيبة.

لقد عايشت بنفسي «مشاعر» التحوُّل في النظرة الشخصيّة للأمور. إنّني امرأة مرنة، لكنّني كجميع الناس أعيش أفراحي وأتراحي. عندما يبدو لي أنّ الأمور تسير في مسار سلبيّ، أبادر إلى فحص منظوري الشخصيّ. هل يحفّزني الخوف والقلق؟ لو صحّ ذلك، فإنّني أتطلّع إلى حافزي وأطرح على نفسي السؤال الآتي: «ما الذي يخيفني؟». إنّ الخوف الذي ينتابني غالبًا ما يكون من غير أساس. لقد تعلّمت

أيضًا أن أدير النكسات التي تلمّ بي وأن أنظر إليها نظرةً مختلفة. في بعض الأيّام، من الممكن أن ينال منّي صوت «السلبيّة» ويغمرني. فما كان منّي إلّا أن أقمت حفلًا أو اثنين كي أنفِّس فيهما عن مشاعر الحزن والأسى. ولا بأس بذلك أبدًا. لو عشت لحظة تردّد، فلا تكبتنّ مشاعرك، وعِشها من دون تردّد. السرّ يكمن في ألّا تتعلّق لفترة أطول من اللازم برثاء نفسك، فكلّ الحفلات لا بدّ لها من نهاية!

الأداة الثانية - احتفل بإنجازاتك ونجاحاتك

من الأهمّيّة بمكان أن تولي الإنجازات التي تحقّقها خلال رحلتك اهتمامًا خاصًّا. فمن المهمّ أن تكافئ نفسك كلّما بلغت إنجازًا، واكتشفت أنّ كلّ هذه التغييرات الرائعة، مهما كانت طفيفة، تؤتي ثمارها باستمرار. قد تشهد تحوّلًا هائلًا بين عشيّة وضحاها وقد لا تشهد تحوّلًا مثيلًا، ولكن عليك أن تقرّ به بنفسك، ولا تبحثنّ خارج ذاتك عن دعم إيجابيّ. عندما أتمهّل لبعض الوقت وأفكّر في المسافة التي قطعتها شخصيًّا في رحلتي، فإنّ ذلك يساعدني على التكيّف بشكلٍ أفضل مع الأوقات العصيبة. بوسعي أيضًا استغلال نجاحاتي السابقة لتصحيح مساري كلّما انتكست، ثمّ أحوّل انتباهي إلى الصورة الأكبر. إنّني استغلّ قانون الجاذبيّة والتفكير الإيجابيّ باستمرار لجلب المزيد من الإيجابيّات إلى حياتي. أتصوّر النتائج التي أودّ أن تتحقّق وأحاول أن أتجنّب السقوط في فخاخ ذهنيّة تجعلني فيها الأفكار السلبيّة أشعر بالذعر والاكتئاب. إنّ التركيز على المعالم الإيجابيّة

على الطريق يصرف انتباهك عن لحظات «رثاء الذات» السلبيّة التي يخامرك فيها شعور بالأسى لنفسك، وتسمح فيها للخوف والاكتئاب بالسيطرة على حياتك مجدّدًا.

الأداة الثالثة- سُدّ الطريق على الأخبار السلبيّة وركِّز على واقعك

لقد سمح كثيرون للرسائل المتعاقبة من وسائل الإعلام والعالم بأسره ببثّ الخوف في قلوبهم، وتشتّتوا عن ركيزتهم، وهم ينصتون إلى الهراء، ويسمحون له بالتسلّل إليهم وهم يعلمون أنّ عليهم إبقاء أهدافهم نصب أعينهم. من سوء الطالع أنّ هذا يبدو أسهل درب يمكن أن يسلكه المرء. لو كنت من بين الملايين الذين خسروا وظائفهم، فأنصت إلى هذه الرسالة البالغة الأهمّيّة: يمكنك إمّا أن ترجع إلى البيت وتُشغِّل التلفزيون وتستقبل المزيد من الأخبار المؤسفة، وإمّا أن تخلق رؤية خاصّة بك وتمضي قدمًا. ستقودك كلّ خطوة تخطوها إلى الخطوة التي تليها. وسرعان ما ستعيش فيضًا من اللحظات الإيجابيّة التي تتراكم فتمسي حياتك حافلة بالانتصارات.

مقاييس الإنجازات

والآن لعلّك تتساءل: «كيف لي أن أعرف عندما أحقّق إنجازًا ما؟».

عندما تُطبّق قانون الجاذبيّة وتُغيِّر نظرتك والطريقة التي تستجيب بها للمواقف وشعورك تجاهها، ستصل إلى إنجازاتٍ على الفور تقريبًا. عليك أن تُقرّ وحسب بأنّك بلغت تلك الإنجازات... فمهما

كانت بسيطة، فهي إنجازات رغم ذلك. اسمحوا لي أن أضرب لكم مثالًا. لديّ صديق سندعوه هنري. فَقَدَ هنري منصبه التنفيذيّ المرموق لدى واحدة من شركات التقنيّة. تبادلنا أطراف الحديث بضع مرّات، فكان تركيزه منصبًّا في بداية الأمر على الأسى لحاله. غمره شعور بالاكتئاب ولم يكن يدري كيف سيبدأ من جديد. بعد بضع محادثات، جمع شتات نفسه. وشرع يتصوّر وظيفته المثاليّة. بعد ذلك، بدأ يتواصل مع الآخرين. ولاحت له فرص محتملة محدودة، لكنّه لم يحصل على مقابلة شخصيّة جادّة بعد. فما الذي استقرّ رأي هنري على فعله؟ استسلم وسقط في هوّة الاكتئاب، وانتكس إلى رثاء الذات والأسى على نفسه. ما الخطأ الذي حدث في هذه الحالة؟ ما الذي دعا هنري إلى العودة إلى كرسيّه وتناول رقائق البطاطس ومشاهدة التلفزيون المُخدِّر للعقل؟ لِمَ لا يجلس في مكتب كبير ذي إطلالة بديعة، أو في مكتبه المنزليّ الخاصّ النابض بالحياة والذي يتمتّع بتصميم رائع يفخر بأنّه صمّمه بنفسه؟ ربما تُحدِّث نفسك عزيزي القارئ قائلًا: «مهلًا! لمْ تأتِ الرياح بما تشتهي السفن». فهو لا يملك وظيفة، أليس كذلك؟ قد تبدو قصّة هنري حتّى مألوفة. لعلّك مثل هنري. هو يلوم الاقتصاد، ولا يظنّ أن هناك أي وظيفة تناسبه. هذا ما تنضح به الأخبار على أيّة حال. لا توجد وظائف متاحة! وليس بوسعه العثور على وظيفة، ومن ثمّ لا بدّ من أنّ الأخبار حقيقيّة، هكذا يقنع نفسه بالمنطق. هذا كلّ ما يمليه عليه التلفزيون المُخدِّر للعقل كلّ يوم. والآن، نراه يتساءل

متى سيُصاب بالفيروس، وربّما يلقى حتفه، فيعطي نفسه سببًا آخر لتقوقع على ذاته أكثر.

ما الخطأ الذي وقع فيه هنري؟

أوّلًا، بدأ رحلته بداية مُبشِّرة، وشرع في التواصل مع الآخرين. تجلت له بعض الخيوط التي يستطيع اقتفاء أثرها. استغلّ جميع خدمات البحث عن وظائف على شبكة الإنترنت. غمره شعور بالحماس. استطاع أن يرى هدفه النهائيّ يلوح في الأفق. ولكن، لم تثمر جهوده عن أيّ دعوة لمقابلة عمل. لم تتمخّض عن أيّ عروض عمل. ولمّا أن بقي من دون وظيفة، أخفق هنري في الإقرار بإنجازاته. لم يرَ أنّه تحلّى بالمرونة التي قهر بها إغواء البقاء حبيس كرسيّه المريح وحزنه واكتئابه وقنوطه. استبدل أكياس الجزر برقائق البطاطس. كان قد التقى أناسًا عظماء. لاحت له بعض الفرص السانحة. بطريقة ما، دُفِنت كلّ هذه الإجراءات الإيجابيّة تحت رُكام الفشل المتوقّع وكلّ الدلالات السلبيّة التي تلازم «الفشل». لم يحتفِ بالإنجازات التي حقّقها. لقد قرّر أن يتمرّغ في «الفشل» بدلًا من أن يتبنّى فكرة أن الفشل مُعلِّم عظيم، لا بدّ من أن يتعلّم منه ويمضي قدمًا.

الأداة الرابعة- اتّخذ التدابير اللازمة

ما يتعيّن على هنري -ومَن يعيشون موقفه- استيعابه هو ما يأتي: الأمر يقتضي **التحرُّك** كي ينمو المرء ويتغيّر ويصيب النجاح. الأمر يقتضي إجراءات **مُستدامة**. عندما تشرع في التحرّك، فلا تتوقعنّ أن

تكون رحلتك سلسة وميسورة على طول الطريق. لا يسعك أيضًا أن تتحمّل تبعات التوقّف لحظةَ أنْ تعرقلك عقبة صغيرة في الطريق. أتُفضِّل أن تشقّ طريقك مُصارعًا أسباب قلقك ومخاوفك وتوتّرك أم تنقلب على عقبيْك فتهوي في بئرٍ مظلمة عميقة خاوية من خيبات الأمل التي لا تنتهي؟

لقد أخفق هنري في الإقرار بعجائب كلّ فرصة جديدة لاحت له، وانصبّ تركيزه كلّه على السلبيّات. لم ينطلق جرس الهاتف. لم يحصل على وظيفة. سلبيّات، سلبيّات، سلبيّات! ماذا لو أنّ الخطوة التالية التي كان هنري سيخطوها ستسوقه إلى وظيفته التي يحلم بها؟ كما قال نابوليون هيل في كتابه «فَكِّر وحَقِّق الثراء»: «لا تقفنّ على بُعد ثلاثة أقدام من الذهب!».

أدعوك أيّها القارئ العزيز أن تقرأ تلك القصّة مرارًا وتكرارًا، أو من الأفضل أن تقرأ الكتاب كلّه. نجاحك بانتظارك قاب قوسيْن أو أدنى. هل ستتوقّف وتستسلم أو ستكمل مسيرتك وتستبقي ركيزتك على هدفك النهائيّ؟ تخلّ عن الأفكار السلبيّة وخيبات الأمل، واحتفِ بالإجراءات الإيجابيّة التي تتّخذها كلّ يوم حتّى تصل إلى كنزك الكبير في يوم من الأيّام.

الأداة الخامسة- ثابر، ثابر، ثابر! وداوم!

ما القاعدة الأولى من قواعد المرونة؟ عليك بالمثابرة والمداومة! لا تستسلم. واصل المحاولة، وامضِ قدمًا. سوف تصل إلى وجهتك.

أعلم أنّ نصيحتي هذه تبدو واضحة وربما أبسط من اللازم، لكنّها تُجدي نفعًا... كلّ مرّة! ومن ثمّ، استمرّ في الاحتفاء بإنجازاتك والإقرار بها. وركّز على ما هو موجود وليس على ما لا وجود له. أعرب عن امتنانك لما تملكه بدلًا من أن تقلق بشأن ما لا تملك. إنّ كلّ إنجاز يتراكم على الذي يسبقه ويؤهّلك للذي يليه. عندما تحافظ على مسارك، وتمضي قدمًا وتحتفي بكلّ خطوة تخطوها، سرعان ما ستصل إلى رؤيتك، وهي «جوهرة التاج». وسيغمرك شعور بالروعة.

> **ملاحظة بخصوص التواصل الافتراضيّ:** رغم أنّ التجمّعات غير مُحبّذة وقت وضع هذا الكتاب، فقد حلّت الأدوات التقنيّة محلّ فرص التواصل الفعليّ مع الآخرين مؤقّتًا. ستكتشف أنّ كثيرًا من الاجتماعات انتقلت إلى العالم الافتراضيّ. فلا تتردّد في مواصلة الانضمام إلى جماعات رغم أنف الفيروس.

اسمحوا لي أن أضرب لكم مثالًا آخر. أعرف امرأة سندعوها ليندا. في خضمّ هذه الأزمة الاقتصاديّة، استقرّ رأي ليندا على أنّها لا تودّ التعاطي مع التنقّلات إلى محلّ العمل التي تستغرقها ساعة يوميًا، وشُحّ الوقت الذي تمضيه مع عائلتها. أرادت أن تسعى وراء نمط حياة أفضل. لطالما ودّت أن تؤسّس شركتها الخاصّة، وعليه قرّرت في يوم من الأيّام أن تفعل ذلك. فاستقالت من وظيفتها الحاليّة التي يُقدّر دخلها بستّة أرقام سنويًّا في خضمّ عاصفة تسريح الموظّفين التي شهدناها، وأسّست شركة التسويق الخاصّة بها. قبل أسبوعيْن من آخر

يوم عمل لها، كان هناك عمل بانتظارها في ميدان التسويق بالفعل لأنّها كانت قد شرعت في تلقّي بعض طلبات العمل قبل الاستقالة من وظيفتها. كانت قد جهّزَت للمرحلة الانتقاليّة بأن أجرت اتّصالاتها، وتلقّت مهمّات جديدة على هامش عملها الأصليّ. انضمّت إلى مؤسّسات مختلفة، والتقت عملاء محتملين، وسعت وراء الفرص التي تلوح في الأفق. لم تتعطّل مرحلتها الانتقاليّة من وظيفتها المؤسّسيّة إلى تحوّلها إلى صاحبة عمل خاصّ قطّ.

ما الفارق بين ليندا وهنري؟ لا تسمح ليندا لأيّ شيء أو أيّ إنسان بأن يثبط من عزيمتها أو يزرع فيها الخوف أو يثنيها عن رؤيتها التي ارتأتها لنفسها. هي تُلاحق ما تريد وتتّخذ إجراءات حقيقيّة على أرض الواقع. والأهمّ من كلّ ذلك أنّها تحتفي بكلّ نصر تُحقّقه، وتحمد الله على كلّ يوم جديد تحياه، وعلى أنّها لم تَعُد تتجشّم عناء التنقّل إلى العمل، وكذلك على الاستمتاع بالوقت الإضافيّ مع أسرتها، وهي تحافظ على إيجابيّتها. بالطبع تمرّ عليها أيّام عصيبة، شأنها شأن غيرها من البشر، لكنّها ترفض إطالة التفكير في السلبيّات. فوقتها وحياتها أغلى من أن تُهدرهما في الشعور بالذنب والندم على ما فات. هي لا تشعر بالمرارة تجاه أيّ شيء، وتقرّ ببساطة بأنّها تعيش يومًا عصيبًا. وتتساءل عن الدرس المُستفاد من ذاك اليوم أو الفرصة التي ربّما كمنت فيه. بذلك، تنتهي المشكلة بالنسبة لها. فلا تتمرّغ في الشعور بالأسى على نفسها، ولا تُقيم لنفسها حفلات رثاء للذات، ولا تركن للشكوى والتذمّر. إنّها تحيا

كلّ لحظة من لحظات حياتها وتستمتع بها، تلك الحياة التي أنعم الله بها عليها.

ترى ليندا كلّ لحظة ثمينة غالية، وكلّ إنجاز مذهلًا، وتُبقي مسارها نصب عينيها. بالمناسبة، بلغت قيمة شركة ليندا الآن نصف مليون دولار! تُثابر ليندا وتُداوم، وهي تستوعب الأمر كاملًا، وتساير التيار، وتتبع شغفها، ولا تتردّد قطّ! قد يتذمّر بعض المُشكّكين قائلين: «لكنّها موفورة الحظّ ليس إلّا!». فهل أنتم على يقين من أنّها محظوظة ليس إلّا؟ إنّ رحلة ليندا لا تَمُتّ للحظّ بِصلة. دعوني أتابع حديثي وأساعدكم على الفهم. بالمناسبة، المحظوظ لا يفوز باليانصيب، ومن ثَمّ فلا بدّ من أن يفوز أحد به! فالمحظوظ يفوز باليانصيب من دون أن يشتري اليانصيب!

ما السرّ وراء نجاح ليندا الكبير في الوقت الذي لا يصيب فيه كثير من المؤهّلين الموهوبين الآخرين النجاح؟ أوّلًا وقبل كلّ شيء، لاحقت ليندا شغفها، وصنعت رؤية لتحقيق ذاك الشغف على أرض الواقع. فحلمت وخطّطت وحقّقت غاياتها! وهي تشعر الآن بروعة كلّ خطوة خطتها في سعيها وراء شغفها. هي تثابر عند الحاجة بالتركيز على الجوانب المُجدية وخططها الكلّيّة، وتلك هي الصورة الكبيرة. إنّها لا تسمح لـلمُلهيات السلبيّة باعتراض طريقها، وهي تثابر وتُداوم. عندما تُلاحق شغفك وتثابر بيقين راسخ بأنّ رؤيتك ستتحقّق، لا شيء ولا أحد يستطيع أن يثنيك عن موقفك ويعترض طريقك. أنت تعلم هويّتك ووجهتك. دعني أكرّر على سمعك: اعرف نفسك، واعرف

وجهتك. فرؤيتك تتطلّب يقينًا تامًّا وخالصًا بإمكانيّة تحققها. يمكنك تحقيق رؤيتك بالمثابرة الشديدة والمداومة الصلبة. أيبدو أيّ ممّا سبق يتّصل بصلةٍ بالحظّ أو المصادفة؟ والآن، اسمح لي أن أنتقل بك خطوة إضافيّة إلى الأمام.

الأداة السادسة- عِشْ في نطاقك الخاصّ

تتناهى إلى مسامعك أنباء الرياضيّين الذين يفوزون بالميداليّة الذهبيّة طوال الوقت. تراهم يتحدّثون عن تركيزهم و«عيشهم في نطاقهم الخاصّ». إذا كنت لا تعرف «النطاق الخاصّ»، فاسمح لي بمشاطرتك إيّاه. النطاق الخاصّ هو الركيزة الشغوفة المثاليّة التي تحجب عنك جميع المُلهيات وأسباب التشتّت. فعندما ندخل نطاقنا الخاصّ، نفقد إحساسنا بالزمان والمكان. وننغمس كلّيًا في شيء هو أشبه بالطاقة الخالصة تقريبًا، وإنّها لتجربة جميلة وبديعة. فالعيش في النطاق الخاصّ يسمو بك على الزمان والمكان، وتتحوّل إلى قوّة نشطة تتمثّل في ضوء إيجابيّ خالص يندمج مع الكون كلّه. تجد نفسك مُنكبًّا تمامًا على ما تنجزه من عمل، وتعلم تمام العلم وعن يقين في قرارة نفسك، ومن دون شكّ أو تحفُّظ، أنّ بوسعك إنجازه وأنّك ستنجزه بالفعل. إذا لم تعِش هذا الانغماس الكامل المحض في الكون، فاعلم أنّه فاتك شيء شديد الخصوصيّة يتجاوز عقلك وجسدك الفاني. عندما تستقرّ داخل نطاقك الخاصّ، يتحوّل احتفالك بالمعالم التي أنجزتها على الطريق إدراكًا مُستنيرًا كبيرًا بأنّ

الأشياء ليست مُمكنة وحسب، وإنّما تحدث على أرض الواقع كلّ ثانية من كلّ يوم.

يصبح خروجك من النطاق لخاصّ لحظة مُزعجة ثقيلة على النفس. وهي أشبه بستار من الظلام في غرفة مُضاءة. تصرخ بأعلى صوتك «أضيئوا الأنوار مُجدّدًا!». أعلم أنّ الأمر قد يبدو غريبًا، لكنّني أعدك أنّك عندما تعلو على الضجيج اليوميّ الروتينيّ الذي يُراد له أن يثبط من عزيمتك ويصرفك عن رؤيتك، فسيغمرك بالفعل سحر محض. كلّما احتضنت كلّ لحظة واحتفيت بها واستقبلت إنجازاتك بالعناق بينما تتحقّق -مهما كانت التطوّرات- استشعرت أشياء عظيمة جدًا أكثر. وسيصير كل من المتعة والرضا العميقين القاعدة الأساسيّة، وما سواهما سيتهاوى.

أتعهّد إليك بذلك. فأنا أعيش هذه الحالة كلّ يوم. وإنّني ذاهلة وممتنّة للنِّعَم العديدة المُقبلة عليّ. كثير من الفرص العظيمة والأشخاص العظماء يدخلون حياتي بانتظام. كلّ يوم، أنهض من سريري وأُحدِّث نفسي قائلةً: «اليوم يوم عظيم». إنّ هذا التحوّل العميق في أسلوب التفكير يسمح لي بالانفتاح على المزيد من الرخاء والخير. تجعلني بهجتي أودّ أن أشاطر العالم كلّه، وأساعد الآخرين في العثور على متعتهم.

يجيز لي هذا اللون من السعادة أن أخلق المزيد من العجائب والسحر من حولي، وأن أكون دائمًا وأبدًا (أنصتوا إلى ما يلي) ممتنّة. عندما تصل عزيزي القارئ إلى هذه المرحلة في رحلتك، سيصير من

الأصعب أن تظلّ غاضبًا أو مكتئبًا أو حزينًا. هذا أمر واقع بالنسبة لي. من الممكن أن يكون واقعًا بالنسبة لكَ أيضًا. كلّ ما عليك هو أن تُصدِّق وتُبادر!

الأداة السابعة- احتفِ بكلّ شيء صغيرًا كان أو كبيرًا

بينما تبدأ رحلتك، قد يخالجك شعور أحيانًا بأنّ شيئًا لم يتغيّر، أو أنّ الأشياء لم تتغيّر بالقدر الكافي. ربّما كنت تتوقّع أن تتصوّر حياتك الجديدة، وتتّخذ إجراءات كي يتحقّق تصوّرك على أرض الواقع، وتتوقع أنّ كلّ شيء سيكون على خير حال. ولكن، بعد ثلاثة أشهر يتسلّل إليك شعور بأنّك لست أقرب لغايتك ممّا كُنت حين بدأت. قد يخامرك شعور بخيبة الأمل في أنّ التغييرات التي تشهدها لا تبدو كبيرة بالقدر الكافي. قد تشعر بفراغ الصبر أو خيبة الأمل أو حتّى باليأس والقنوط. لعلّ النصائح التي شاطرتك إيّاها كلّها عزيزي القارئ تبدو لك محض هراء. في هذه المرحلة من رحلتك، حان أوان لتمهّل وتقييم تقدُمك والتركيز على الحقائق ومُعانقة التغييرات الصغيرة بالكامل. لا تتخلّ عن حلمك بسهولة. استمتع برحلتك!

كلّ خطوة صغيرة تخطوها تُقربك أكثر بكثير من رؤيتك. فتارةً أثناء هذه الرحلة ستقفز قفزات كبيرة، وتارةً أخرى ستتحرّك قيد أنملة، وربّما لا تُدرك أبدًا المسافة التي قطعتها إذ تحرّكت قيد أنملة. فمهما كانت التغيّرات، ستجد قيمةً وإلهامًا عندما تتمهّل وتُقدِّر التغييرات الطفيفة «الحقيقيّة». أودّ أن أُشدّد على أهمّيّة تخصيص هذه

اللحظات للإقرار بالأشياء الأصغر شأنًا. لن تؤكّد قدرتك على تمييز الحركة الإيجابيّة إلى الأمام وحسب -مهما كانت طفيفة- المسافة التي قطعتها، إنّما ستخلع عليها مصداقيّة أيضًا، ربّما أعادت تحفيز وجهة نظرك التي قد تكون تداعت نوعًا ما.

فحتّى أنجح الناس غالبًا ما يستغرقون بشكلٍ مبالغ فيه في «السحر الكبير» لدرجة أنّه عندما يباغتهم شيء ما فيثبط روحهم المعنويّة ويزجّ بهم في ظلمات اليأس، فإنه سرعان ما يغيب عن أبصارهم كلّ شيء عظيم أنجزوه. مهما حدث، ستحتاج إلى أن تكون قادرًا على التمهّل والتدبّر والتقييم ونِسْبة الفضل إلى نفسك في الإنجازات التي حقّقتها حتى الآن. إنّك تخطو خطوات كبيرة، وتتحلّى بالمرونة الآن. يجب أن تصبح موضوعيًّا وأن تُلاحظ كلّ ما تغيّر. لعلّك كففت عن الاستيقاظ صباحًا وأنت تهاب يومك لأنّك أسّست شركتك الخاصّة. ولعلّ عملك لا يزدهر كثيرًا، غير أنّك تشعر بالحماس على الأقلّ حياله. لعلّك التقيت أخيرًا بشريك حياتك المُرتقب. وربّما شرعت أخيرًا في ادخار المال كي تنعم بالإجازة التي تراود أحلامك.

لقد مَكّنت نفسك، وتولّيت المسؤوليّة، وركّزت على مرادك ومُبتغاك، واخترت الرخاء والإيجابيّة. في هذه المرحلة، عليك أن تتمهّل وتُقرّ بالأشياء العظيمة التي أنجزتها كافّة. عليك أن تبتسم وتُقدّر المسافة التي قطعتها حتّى الآن. عليك أن تشكر الله على المكان الذي وصلت إليه اليوم لأنّ الأمس ولّى والغد لم يأتِ بعد. كلّ ما تملك هو هذه اللحظة بعينها، وهذه الثانية على المسار الزمنيّ. فلِمَ

لا تُقدِّر ما تملك وما أنجزته إلى الآن؟ ولِمَ لا تحتفي بتقدّمك الذي أحرزته وتُكرِّمه؟ أنت تستحقّ ذلك! وهناك يأتي جوهر المسألة: عليك أن تكافئ نفسك لأنّ انتظارك مكافأة الآخرين لك لن يُجدي نفعًا. سوف تواجه تحدّيات يوميّة يمكن أن تُخرجك عن مسارك وتُعرقل تقدُّمك في أيّ لحظة، وعليه فمن المهمّ أن يكون صندوق أدوات المرونة الخاصّ بك جاهزًا ليعينك على المضيّ قُدمًا. لعلّك تتساءل «كيف؟». تابع القراءة.

الأداة الثامنة- تعهّد سلوكك بالصيانة

قد تجد أنّ بعض المقرّبين إليك لا يفهمون موقفك الجديد من الحياة. لا يريد السلبيّون المتعثّرون لحياتك أن تكون نموذجًا ومثالًا يُقتدى به ومرآة يرون فيها حياتهم. هُم الذين يريدون حياتهم أن تكون مضربًا للأمثال لا أنت. إنّ الذين يعيشون من دون وعي بحياتهم ربّما حاولوا استغلالك للتنفيس عن إحباطاتهم. من ثمّ، عليك أن تكون متأهّبًا للسلبيّين الذين يعيشون متأهّبين، وربّما حاولوا أن ينالوا من عزيمتك.

أعرف امرأة تُدعى شيري. كانت لديها شركة مزدهرة شهدت نموًّا بنسبة 100٪. كانت تتمتّع بحياة شخصيّة رائعة أيضًا رفقة عائلتها الجميلة. البعض يصفونها بالمُولِّد الكهربائي الذي لا يتوقّف. فهي تشقّ طريقها في الحياة مُسلّحة بالقوّة والمرونة اللتين لا يتحلّى بهما إلّا قليلون. تستهلّ كلّ يوم بابتسامة عريضة ترتسم على وجهها، وتُعانق حياتها بحماس وشغف. تستيقظ وتحدِّق إلى لوح رؤيتها

بعينين لامعتيْن، وتتأمّل رؤيتها لحياتها، وتُقرّ بالخير الذي يحيط بها وتستدعي كلّ ما هو جميل من حولها. عندما تدخل أيّ غرفة، يصعب على المرء ألّا يلاحظ ابتسامتها العريضة وحماسها الشديد. دائمًا ما تُقدّم الدعم الإيجابيّ لزملائها، ودائمًا ما تعطي للآخرين. يطيب للناس أن يحيطوا بشيري لأنّها أصيلة ورؤوفة ومعطاءة.

تتعامل شيري مع كثير من العملاء في عملها. تعرف كيف تُقنع عملاءها وتسوقهم إلى التوقيع على العقود. في الآونة الأخيرة، شهدت شيري لقاءً مُحيِّرًا مع أحد العملاء. فقد أُحيل إليها ذاك الرجل، ويُدعى توم، من صديق مقرّب. ومن هذا المنطلق، فقد كان الرجل مُنتقى بعناية قبل أن يلتقيا. التقت شيري بتوم، وكان لقاؤهما رائعًا للغاية. طلب إليها ابتكار موجز إبداعيّ لحمْلَته. وافقت عن طيب خاطر، وصنعت الموجز الذي أراده. عندما استلم توم الموجز، طلب أن يجتمع بها. وصلت شيري وهي على أهبة الاستعداد لتوقيع عقد مع توم لتطوير حملته الإعلانيّة بأسرها. خلال الاجتماع، اتخذت الأمور منحى سلبيًّا على حين غرّة. بدأ توم يتذمّر بشدّة حول الموجز واصفًا إيّاه بالعقيم. تابع انتقاداته متحدّثًا عن افتقار الموجز للأصالة والإبداع. شعرت شيري بالحرج، إذ أخذ توم يصرخ في وجهها ويوبّخها. من هول المفاجأة ومن فرط الذهول، انسحبت من الاجتماع. لقد شعرت بأنّها «انتُهِكت» وجدانيًّا.

رغم أنّ شيري كانت أذكى من أن تتأثّر بالموقف، فقد وجدت مشقّة بالغة في إخراج انتقاداته من ذهنها. لقد أعادت صياغة الحوار

في عقلها، وراحت تُنقِّب فيما نطقت به أو فعلته بحثًا عمّا قد يكون أثار ثائرته. تساءلت عمّا إذا كان الموجز الذي عملت جاهدة على ابتكاره «عقيمًا» بالفعل. بلغ بها الأمر أن شكّكت في نفسها وكفاءتها ومهارتها. لقد استنفدتها سلبيّة توم رغم أنّها تلقّت أنباءً رائعة تخصّ عميلًا آخر لديها. في نهاية المطاف، أرجأت شيري التفكير في تلك الواقعة لليوم التالي. وفي اليوم التالي، عادت إلى طبيعتها ونهضت من كبوتها، وسمحت لنفسها بالإحساس بالمشاعر التي تموج بها، وبذلك تعاملت معها وتخلّصت منها بطريقة صحّيّة. لم «تكبت» مشاعرها، ولم تتخبّط فيها، ولم تتراجع.

إنّ شيري نموذج مثاليّ للنحو الذي يمكن أن يُسقط حتّى أكثر الناس مرونة في هوّة وجدانيّة ومن ينساقون وراء مشاعرهم. غير أنّها لم تبقَ مُنبطحة. فبعد أن أدركت أنّ إرضاء البعض غاية لا تُدرك، تخلّت عن شكوكها في نفسها التي راودتها، وآثرت التأمّل المُتجدّد، وأمرت نفسها بأن تقطع الطريق على المسارات التي شقّتها كلمات توم في عقلها، وتُركِّز على التفكير في رؤيتها وأهدافها بدلًا من ذلك. سرعان ما تحوّلت كلمات توم إلى «ذباب» استطاعت أن تسحقه بمنشّة حشرات.

رجاءً، اعلم يا عزيزي القارئ أنّ ما أصفه بخصوص عودة شيري إلى جادّة الطريق ليس بالأمر الذي يسهل إنجازه. فقد تجد صعوبة بالغة في ألّا تتشتّت بفعل السلبيّة والسلوكيّات البغيضة. قد تجد نفسك تتشكّك فيما إذا كنت تفعل الصواب. قد تتعرّض للنقد بطريقة لبقة

بسبب سلوكك الرائع. ربّما اكتشفت أنّ بعض الناس سلبيّون وحسب، وأنّ سلوكك الإيجابيّ يثير حفيظتهم. قد يجدون في ذلك حتّى سببًا منطقيًّا يدعوهم للهجوم عليك. قد يشعرون بالغيرة أو الاستياء من نجاحك لأنّ بوسعهم أن يشعروا بتحوّلك الحماسيّ النشط. إنّهم يضمّون لك السوء سرًّا. وعندما يشنّون عليك هجومًا، ربّما تقتنع بكلّ ترهاتهم لسلبيّة. قد تُداخلك الشكوك. قد تتسلّل كلّ هذه السفاسف إلى شيء من القلق السرّيّ الكامن بداخلك أو المخاوف التي تراودك حيال نفسك. ربّما حاولت عن وعي مِنك أن تبدّد تلك الترهات، غير أنّ الأمر يبدو صعبًا.

كلّما ازددت مرونةً، أمسيت أكثر وعيًا بذاتك وأكثر التزامًا تجاه ذاتك الأصيلة، وانسجمت مع الكون المحيط بك، واستوعبت قانون الجاذبيّة، وكان من الأقلّ رجحانًا أن تقع في أيّ شرك عقليّ ينصبه لك الآخرون. لا يجب أن تكون وجهة نظرك سلبيّة في الآخرين. كلّ ما عليك هو إدراك أنّ الجميع لم يستوعبوا الدروس عينها التي استوعبتها. لم يفهم الجميع مبادئ المرونة. فهم ما برحوا يدورون في حلقات مفرغة. لا يجوز لك أن تسمح للذين يستمتعون سِرًّا برؤيتك وأنت تفشل بأن يقتربوا منك بما يكفي لإلحاق أذى بك. إذا صرخ أحدهم في وجهك لأيّ سبب، فانسحب. لا تلزم مكانك وتسمح للسلبيّة بالتسلّل إليك والتوغّل فيك. يمكنك أن تنأى عنها، وتذكّر نفسك بكلّ القفزات الإيجابيّة الرائعة التي حقّقتها في حياتك الجديدة. عليك أن تحتفي بالخطوات التي خطوتها كلّها إلى الأمام.

عليك أن تُقرّ بالجمال الذي يحيط بِكَ كلّ يوم، وأعرِب عن امتنانك وحمدك لله على كلّ شيء، كلّ يوم.

الأداة التاسعة - اختر دائرة معارفك بحكمةٍ وعناية

إليك يا عزيزي القارئ أهمّ نصيحة على الإطلاق: تحرّ الحيطة واليقظة عندما تختار الأشخاص الذين تودّ إحاطة نفسك بهم؛ وتحرّ أكبر قدرٍ من اليقظة متى تعلّق الأمر بتقبُّل ما يقولونه لك. عليك أن تقف حارسًا على بوّابة عقلك، فتحول دون تسلّل الأفكار والخواطر السلبيّة. انتبه كلّ الانتباه للرسائل الكامنة، وابتعد عن السلبيّة والمُتشائمين.

اسمح لي أيّها القارئ العزيز أن أضرب لكَ مثالًا على السلوك الخبيث الذي يجب أن تحتاط له. لي صديقة كاتبة مشهورة تُدعى آني. تملك آني كلّ ما يدعو للفخر. فهي تمتلك كتبًا من الأكثر مبيعًا، ومسيرةً أدبيّة مزدهرة، وتُجالس في دائرة معارفها من الكُتّاب امرأة تُدعى روندا، وهي أيضًا مؤلِّفَة نشطة ومُتحمّسة وموهوبة. لقد حقّقت روندا بعض الإنجازات المبهرة بحقّ، وعندما حان دورها في النقاش، أطلعت لفيفَ المؤلّفين بحماسٍ على مجريات أحداث مشروعها الأخير. كلما ناقشت روندا مشروعها التالي، كانت آني تُبادر بتعليقٍ «لطيف» لاذع أو خلافيّ. بغضّ النظر عن السبب -الذي لا يتّسق والمنطق بتاتًا نظرًا للإنجازات المبهرة التي حقّقتها آني- تشعر آني بأنّ روندا تمثّل لها تهديدًا. في بداية الأمر،

لم نلاحظ روندا تلك الظاهرة. فكان شأنها شأن بقيّة المجموعة تضحك وتُساير النِكات «اللطيفة» ولكنها لاذعة بشكلٍ واضح. سرعان ما صار لأمر نمطًا مُتكرّرًا، وصارت روندا أكثر وعيًا بالتعليقات ويقظةً لها. أدركت أنّها بحاجة إلى الانسحاب من لمجموعة، لأنّ هذا اللون من السلبيّة لم يكن يصبّ في مصلحتها. فهي لم تكن بحاجة إلى إثارة جلبة بشأن المسألة، بل غادرت المجموعة في هدوء. لِمَ لا تواجه روندا آني بدلًا من الرحيل؟ لأنّ أمثال آني، الذين يعانون من انعدام الثقة بالنفس وقصور وعي الذات بحالة انعدام الثقة هذه لا يمكن محاورتهم بالمنطق أو «إصلاح» شأنهم.

إذا واجهت مواقف مثيلة، فعليك أن تدرك أنّك ستصارع سنوات من المشكلات المُتراكمة لدى شخص ما، وليس عليك التحدّي لإصلاحها. فالأفضل لك التركيز على نفسك ورؤيتك والمضيّ قُدمًا. فهناك مجموعات أخرى تسود فيها سلوكيّات أصحّ. عندما تنسحب ستشعر بقدرٍ أكبر من التحسُّن ممّا لو اشتبكت في حربٍ كلاميّة مع شخصٍ مصيره قفص سلبيّته.

لأداة العاشرة- تعلّم الدروس المُستفادة

استغرقني الأمر سنوات عديدة حتّى تطوّرت وأمسيت مرنةً. أعلم أنّ هذا الكتاب قد يجعل الأمر يبدو وكأنّ كلّ ما عليكَ هو أن تطالع ما يضمّه بين دفّتيْه من كلمات، وإذا بِكَ تتحلّى بالمرونة

وتنعم بالسعادة. أدرك أنّ الأمر يقتضي ما يتجاوز الكتاب لانتشالك من سنوات من البرمجة والأنماط الاعتياديّة.

إنّني أعي الأمر. لكن، باتّخاذ خطوات صغيرة إلى الأمام والإقرار بكلّ إنجاز بسيط ومواصلة رحلتك ستصبح شخصًا مرنًا بشكل بديهيّ، وأحيانًا من دون أن تفكّر حتّى في الأمر عن وعي مِنكَ. لقد استغرقني الأمر سنوات من العمل على نفسي كي أصل إلى مكانتي الحاليّة. إنّني أواصل رحلتي، ساعيةً بكلّ ما أوتيت من قوّة إلى أن أتحسّن كلّ يوم.

يتطلّب هذا اللون من المرونة قدرًا كبيرًا من العمل الشاقّ من جانبي. إنّني أُذكِّر نفسي دائمًا وأبدًا بذلك، وأستخدم الأدوات التي شاركتك إيّاها يا عزيزي القارئ. هذا ليس من نوع العمل الذي يقتضي الإصلاح والمضيّ قدمًا. إنّما هو أسلوب حياة. التدريب والتأمّل ومعاينة الجمال كلّه الذي يحيط بي يستغرق وقتًا. أدرك أنّني أستقطب الأشياء الإيجابيّة في حياتي، وأعلم أنّني إذا ركّزت على ما لا أريد، فسأتلقّى ما ستنصبّ ركيزتي عليه. إنّني أُطبّق قانون الجاذبيّة بحذافيره. الأهمّ من ذلك كلّه أنّني ممتنّة لكلّ شيء؛ الحسن والسيّئ، والصالح والطالح. لم يَعُد الأمر مهمًّا. أعلم أنّ هذه رحلتي. وأعلم أنّ بين ثنيات التحدّيات تكمن **الدروس المُستفادة**. عندما يقع حدث مفاجئ، فإنّه يثير فضولي، وأدرك حينئذ أنّ ثمّة رسالة لأجلي. عليك أن تُدرك أنّ وراء كلّ الجراح والآلام تكمن دروس إيجابيّة وسامية وهادفة الغرض منها تعليمنا والارتقاء بحكمتنا وتمكيننا من المضيّ قدمًا بثقة أكبر.

وعندما ندرك أنّ الدروس المُستفادة من حياتنا تُقدِّم لنا أدوات تمكين الذات، يستحيل أن نتعثّر أو نُصاب بالإحباط وخيبة الأمل. وإنّما ننمو ونمضي قدمًا، ونحتفي بكلّ شيء وبكلّ لحظة، ونحمد الله حتّى عندما لا يبدو واضحًا أنّ الامتنان ينبغي أن يكون جزءًا من المعادلة.

على سبيل المثال، ثمّة فتاة تُدعى ماري تعرّضت لما قد يعتبره البعض كارثة بسيطة. فقد اشتعلت النيران في ساحة منزلها الخلفيّة، وأحرقت بعض المعدّات الثقيلة وسور منزلها. توقّف أحد المارّة، وأخبرها بالنيران التي اشتعلت. أُخمد الحريق قبل أن يُلحق أضرارًا أكثر. أتريد أن تعرف الأفكار التي جالت في رأس ماري؟ «الحمد لله أنّ ألسنة اللهب لم تصل إلى البيت، والحمد لله أنّ غريبًا أخطرنا بالأمر، والحمد لله أنّ عائلتي لم يمسّها سوء، والحمد لله الذي وقانا». هذه هي المرونة المحضة.

كان يمكن أن تستجيب ماري بشكلٍ مناقض لاستجابتها تلك، فينصبّ تركيزها على تكلفة الممتلكات التالفة، إلخ. وكان بإمكانها أن تتساءل: «لِمَ اشتعلت النيران في بيتنا نحن؟». لكنّها تأمّلت الأمر واستبطنته واستجابت بموقف يَنمُّ عن مرونة شديدة. «**هذا هو ما حدث. والآن، ما الذي أحتاج إليه كي أمضي قُدمًا؟**». إنّ هذا لسؤال رائع يبقيك متيقّظًا لحقيقة الأشياء بدلًا من أن تستشيط غضبًا وتفقد السيطرة على أعصابك وتتسبّب في المزيد من الأضرار. لا يصل الذين يتحلّون بالمرونة إلى هذه المرحلة!

من المهمّ أن تفهم يا عزيزي القارئ أنّ الامتنان والشكر كامنان في جميع المواقف الحياتيّة. إنّك الآن مسؤول بنسبة 100٪ عن حياتك ونتائجك. يمكنك الانضمام إلى صفوف المرنين والبدء في الاستمتاع بالنجاح والسَّعَة على مستوى جديد تمامًا.

قائمة تدقيق الأدوات العشر

1. استخدم مقياسًا لنفسك.
2. احتفل بإنجازاتك ونجاحاتك.
3. سدّ الطريق على الأخبار السلبيّة وركّز على واقعك.
4. اتّخذ التدابير اللازمة.
5. ثابر، ثابر، ثابر، وداوم!
6. عِش في نطاقك الخاصّ.
7. احتفِ بكلّ شيء صغيرًا كان أو كبيرًا.
8. تعهّد سلوكك بالصيانة.
9. اختر دائرة معارفك بحكمةٍ وعناية.
10. تعلّم الدروس المُستفادة.

الفصل العاشر

عشر نصائح للبدء السريع وضمان الإيجابيّة اليوميّة

«إنّ الموقف الإيجابيّ أمر يستطيع كلّ إنسان العمل على تبنّيه، ويستطيع كلّ إنسان أن يتعلّم كيف يُوظِّفه». **جوان لوندن**

في الوقت الذي تستوعب فيه كلّ المعلومات والأدوات والتقنيّات التي قدّمتها لكَ عزيزي القارئ في هذا الكتاب، قد تكتشف أنّ ثمّة عثرات تعترض درب رحلتك. هكذا هي طبيعة الحياة؛ فقد يكون من الصعب أن يظلّ المرء إيجابيًّا. قد تنغمس بشكلٍ مبالغ فيه في بعض موضوعات مأساويّة أو سلبيّة بحقّ خلال رحلتك -خاصةً في أثناء جائحة فيروس كورونا، فربّما لقي شخص مقرّب منك حتفه- حتّى أنّك ترتدّ على عقبيك على حين غرّة وتتقوقع على ذاتك. لعلّ رؤيتك وأهدافك غابت عن بالك. لا بأس. هذا أمر طبيعيّ، ويصيب أفضلنا على الإطلاق.

أردت أن أقدّم لكَ يا عزيزي القارئ أنشطة صيانة سريعة يمكنك استغلالها لتصحيح مسارك وإنعاش طريقة تفكيرك. هذه الفنّيّات طرائق سريعة يمكنك من خلالها الحفاظ على ما أدعوه «المساحة الذهنيّة الإيجابيّة»، حتّى عندما يخالجك شعور بأنّ الظلام أحاط

بحياتك إحاطة السوار بالمعصم. وفور أن تُطبِّقها على حياتك اليومية، ستصبح تلك الفنّيات عادات عظيمة راسخة في حياتك. الأمر يستغرق واحدًا وعشرين يومًا في المتوسّط لاكتساب أيّ عادة، وعليه، استمسك بها.

حيل للبدء السريع في اكتساب عادات إيجابيّة

التأمّل الصباحيّ

ينطوي التأمّل الصباحيّ الرائع على التحرّر ممّا لا يخدم صالحك وفتح صفحة جديدة. هناك العديد من التطبيقات والموارد المجّانيّة المتاحة على شبكة الإنترنت التي يمكن أن تمثّل مصدر إلهام لك في هذ السياق.

تأكيدات إيجابيّة مُلْصَقَة في شتّى جنبات بيتك ومكتبك، أحدهما أو كلاهما:

إنّني أحيط نفسي بتأكيداتي الإيجابيّة كلّها بحيث يتسنّى لي رؤيتها كلّها طوال الوقت، فهي تساعدني في الحفاظ على ركيزتي وإعلاء همّتي.

أنفاس عميقة مُطهِّرة:

لا شكّ في أنّ ثمّة لحظات تمرّ بك تقع فيها أحداث سلبيّة وتؤدّي إلى تحوُّلِك إلى وضع ردود الأفعال من دون وعي في مقابل الاستجابة المدروسة. ربّما كنت في صراع مع شخص ما، فزجّت

بك استجابتك البديهيّة التي أشعلتها دَفْقَة الأدرينالين في جسدك في حالة هشّة وسلبيّة. آن الأوان لتتنفّس! خُذ نفسًا عميقًا وازفر ثلاث مرّات على الأقلّ لتُطهّر جسدك. سيُجدّد الأوكسجين مخّك بحيث تستطيع التفكير بوضوح أكثر.

مارِس الوعي الآنيّ

أجل، هذا لون من ألوان أحاديث «العصر الجديد». غير أنّ الوعي الآنيّ يتطلّب جهدًا جهيدًا رغم أنّه يبدو بسيطًا. أسهل تفسير للوعي الآنيّ هو حصر أفكارك في اللحظة الفعليّة واستغلال الحاضر الاستغلال الأمثل. الأمر ليس بالسهولة التي يبدو عليها، لكن مع التدريب يأتي الإتقان. وما إن يتقنه المرء، فسيصبح أداةً لتحقيق السكينة والهدوء وتخفيف التوتر.

عليك بالمشي

عندما تواجه قرارًا صعبًا أو مشكلة مستعصية، سيصفّي المشي السريع ذهنك ويُجدِّد منظورك للأشياء. المشي تمرين سهل. حتّى إذا ما تمشّيت حول بنايتك وحسب، فستصفّي ذهنك من الأدران التي عَلقت به وسيساعدك ذلك على التفكير. هو تمرين صحّيّ لك أيضًا.

اترك لوح رؤيتك على مقربة منك حيث تستطيع رؤيته: يُذكِّرنا لوح الرؤية بأهدافنا وأحلامنا. عندما يعترض شيء ما طريقك ويشتّتك عن تلك الأشياء، ألقِ نظرة على لوحك وحسب. سترتسم ابتسامة عريضة على وجهك.

تعلّم كيفيّة تحديد الوقت الذي يتعيّن عليك فيه الانسحاب

كلّما صرت إيجابيًّا، صار من الأسهل عليك تمييز الأشخاص السلبيّين المدمّرين أو مصّاصي الدماء الاجتماعيّين. إذا حاول أحدهم استدراجك إلى حوار سلبيّ نوعًا ما، فتعلّم كيف تختلق عذرًا لطيفًا وتنسحب من أمامه. لا تريد أن تسقط في تلك الدوّامة السلبيّة.

احمِ نفسك بفقّاعة إيجابيّة

تَعلّم أن تحمي نفسك وحدودك بأن تضع من حولك هالة وقائيّة بيضاء، يَطلق عليها بعض الناس اسم «الفقّاعة».

ابتكر شعارًا لتعزيز رؤيتك

ابتكر شعارًا يسهل عليك أن تتذكّره، وصِلْ بينه وبين أهدافك. يمكنك أن تكرّره على أسماعك. اصنع منه أنشودة تنشدها لنفسك. لديّ أنواع مختلفة من الشعارات: لديّ شعارات لأهدافي الشخصيّة، وشعارات لعملي. ففي نهاية المطاف، الحياة والعمل يتلازمان على أيّة حال.

تذكّر أنّ السعادة خيار. ما تختاره اليوم -وفي هذه اللحظة- سيصنع مستقبلك.

خاتمة

الأسلوب الأمثل للمضيّ قُدمًا: اللطف واليقظة

إنّ تعلُّم التحلّي بقدر أكبر من المرونة لهبة لا تفتأ تُنعم عليك بالخيرات، لأنّ الحياة تميل إلى أن تلقي بالعقبات في وجوهنا.

إنّني أخطّ هذا الكتاب في أواخر شهر يوليو من عام 2020، وحالات الإصابة بفيروس كورونا المُستجدّ تشهد قفزة مجدّدًا، والشركات ما بين المُكبّلة التي تحدّها قيود العمل، والمُجبرة على الإغلاق مُجدّدًا. الإجهاد مستمرّ، والقلق بشأن المُستقبل قد تفاقم. من دون المرونة التي وصفناها في هذا الكتاب، يعاني كثير من الناس الأمرّيْن.

في الوقت الراهن، وحتّى نعثر على مصل للفيروس، سنظلّ نحيا تحت وطأة فيروس كورونا المُستجدّ. التعديلات التي اعتقدنا أنّنا سنجريها بشكل مؤقّت فقط لا غير، صارت دائمة من دون أيّ موعد محدّد يلوح في الأفق للتخفيف من وطأتها. لذلك، فمن الضروريّ أن يتكيّف الناس مع هذه البيئة المتغيّرة، وأن يقهروا الصعاب التي تواجههم، وأن يتعلّموا كيف يزدهرون في تلك البيئة. فالسقوط في براثن الإجهاد اليوم والقلق بشأن الغد لن يساعد أحدًا على المضيّ قُدمًا.

إنّني أوصي بالرجوع إلى الفصل العاشر بانتظام، والعمل بنصائح الـ السريعة. سيساعدك اللجوء إلى إجراءات كالتأمّل والتخيّل على كبح جماح عقلك وإدارة ضغوطك اليوميّة بشكل أفضل. يمكنك حتّى أن تأخذ قائمة التدقيق المُقدّمة إليك، وتلصقها بثلّاجتك أو مرآة حمّامك كتذكرة مستمرّة لما يتعيّن عليك إنجازه.

إذا كنت تبلي بلاءً حسنًا رغم فيروس كورونا المُستجدّ، فلا تنسَ أن تكون لطيفًا وسخيًّا مع رفاقك من البشر. أسدِ إليهم نصائح مهمّة عندما تلتقي بهم لاحتساء القهوة أو لتناول وجبة ما. تحلّ بالصبر على العمل الذي سيأتيك، وكُن ممتنًّا له. عامِل موظّفيك أو زملاءك أو مشرفيك بالحُسنى، وتبرّع لأحد بنوك الطعام المحلّيّة. رُدّ الصنيع للآخرين واشترِ وجبة لشخصٍ جالس في السيّارة الواقفة خلفك من نافذة بيع الوجبات الجاهزة للسيّارات، أو قُل للنادل إنّك ستتكفّل بسداد تكلفة عشاء عائلة أخرى. تبرّع بالمال لجمعيّة خيريّة من اختيارك. إذا كان لديك موظّفون يتلقّون أجرًا أقلّ يمدّون لك يد المساعدة، فأعطهم مكافآت. بتعبير آخر، أظهر للآخرين لُطفك كلّما سنحت لك الفرصة. تذكّر أنّك تنمو وتتقدّم، من ثمّ شارك الخير الذي منّ الله به عليك. إذا لم يكن الناس مستنيرين مثلك، فشاطرهم بعض المبادئ الواردة في هذا الكتاب.

ليس علينا مُسايرة التوجّه الشائع في هذه الأوقات العصيبة. إذ بادر الجميع إلى تقديم مساعدة لشخص آخر، صغيرة كانت أو كبيرة، فستُحدث فارقًا. يمكنك أن تجسّد «قدرة الفرد الواحد» حتّى

لو رسمت ابتسامة عريضة على وجه معاونك المنزليّ بإكراميّة كبيرة وكلمة طيّبة. فمَن يدري طبيعة اليوم الذي يعيشه ذاك الشخص؟ لعلّك صنعت كلّ الفارق في حياته أو حياتها. سيغمرك شعور بالرضا والسعادة أيضًا.

بينما أودّعك يا عزيزي القارئ وأشكر لك مطالعتك لكتابي، أتركك مع هذه الخاطرة المُلهِمة:

«الحقيقة لُطف عميق يُعلّمنا أن نسعد بحياتنا اليوميّة ونشارك الآخرين السعادة ذاتها». **جبران خليل جبران**

شكر وتقدير

مدّ لي كثير من الأعزّاء يد العون أثناء رحلتي المذهلة.

أوّلًا، أودّ أن أتقدّم بخالص الشكر لصديقي القديم بشّار وفريق عمله لاهتمامهم بترجمة كتابي ونشره في الخارج. فقد كان له دور محوريّ في إنجاز هذا الكتاب وإخراجه إلى النور.

وأتوجّه بشكرٍ خاصّ لابنة أخي وصديقتي سامية لدعمها ولأفكارها الثاقبة.

وأودّ أيضًا أن أتقدّم بجزيل الشكر وخالص التقدير لأصدقائي وعملائي وموجّهيّ الكثيرين الذين فتحوا لي نافذة أنفذ منها إلى الحياة والحبّ والمعرفة. ما زلت أستغلّ كلّ ما تعلّمته الاستغلال الأمثل إذ أشاركه مع أكبر عدد من الذين هم على استعداد لتلقّيه واستقباله.

أختم بما لا يقلّ أهمّيّة عمّا سبق بأنّني ممتنّة للإيمان الذي ظلّ يُعيدني إلى جادّة الطريق، مهما انحرفت عن الدرب السليم أو مهما استغرقني الأمر من وقت لأعثر على طريقي مجدّدًا.